常读·趣味集

隐秘的逻辑

◆ 汗 青 主编

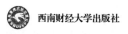

西南财经大学出版社

"常读"系列编委会

你一定很少看书了，因为累；杂志也懒得看了，因为忙。

但你依然在看和读：早起的枕畔，浴室里面，午饭后的瞌睡间歇，临睡前的挣扎，你不时点开的手机屏幕上……

我们不能给你阅读的理由，但我们知道，有些内容可以让你的朋友圈更优雅。

我们不能拼接你碎片化的时间，但我们相信，有些阅读可以让你放慢脚步，哪怕只是假装。

目录

帝国的隐秘逻辑——晚清风云

文/谌旭彬

晚清面子至上的外交奇景

中国近代第一个外交使团遍访欧美

这是中国外交史上的奇景：中国近代向西方世界派遣的第一个外交使团，是由西方人率领的。

事情可以追溯到1858年清廷与英、法、俄、美四国签订的《天津条约》。条约规定1868年为修约年。习惯于"华夷外交"而严重排斥"条约外交"的清廷，视"修约"为洪水猛兽，苦求应对之策。派遣一个使团出使欧美，以求知己知彼，就这样被总理衙门提上了日程。

1867年11月27日，总理衙门事务大臣奕䜣正式奏请清廷任命美国人蒲安臣为办理中外交涉事务大臣，另请英国人柏卓安（J. Mcleavy Brown）和法国人德善为左右"协理"，中国官员志刚、孙家谷随行，另有秘书随员二十余人。1868年2月，使团从上海虹口港出发；6月，首先抵达华盛顿；9月，抵达伦敦。1869年1月，使团抵达巴黎；9

月，前往瑞典、丹麦和荷兰；10月，抵达柏林。1870年2月，使团抵达圣彼得堡，23日，蒲安臣因劳累过度骤然去世。同年10月，使团返回中国。

缘起：面子本位制度下的外交奇景

1867年11月末的北京外交界，因为中国皇帝决定派遣蒲安臣作为钦差大使出访世界各国而倍感震惊。因为即便是蒲安臣本人，在任命发布之前，也没有得到清廷准备任命他的明确暗示。

上海的英文报纸《北华捷报》认为背后促成此事的主要推手是总税务司的赫德。12月14日，该报纸报道称："这一决定……乍听之下……当时使我们不能相信……我们可以肯定地说，无论发表得如何突然，蒲安臣的任命是经过长期和缜密的考虑的。我们的记者说，'此事是同赫德商议之后才提出的。'我们相信，这个计划是发自赫德的头脑。"

赫德在自己的日记里证实了这一点："向海外派遣代表的问题，竟成为我在每次前往总理衙门时一定要谈论到的事情……几天以后，在总理衙门的宴会中，柏卓安告诉我，总理衙门已经在考虑派蒲安臣为前往各条约国家的代表，并问我对这个问题的看法。我当即说这种想法应当予以支持，第二天，我前往总理衙门极力表示赞同。"

赫德极力敦促总理衙门将此事付诸实施的动机相当明确：中国应该从离群索居的状态中脱离出来，主动在国际上抛头露面；中国必须在西方各国的首都有自己的使节，可以随时把中国政府的意见转达给西方政府，而不是扭扭捏捏地由在北京的西方国家的使节代为转达。

尽管结论一致，清廷考虑此事的出发点却与赫德迥然不同。天朝的"华夷观念"根深蒂固。1858年的《天津条约》规定中国与西方各国应该互派使节，然而，多年来，派遣常驻使节一直都是西方国家单方面在行动，清廷始终没有动静。究其原因，一方面是清廷自觉这方面的人才比较缺乏；更重要的则是清廷对"中外礼节不同"这一问题长期沿袭了鸵鸟政策，采取逃避的态度——不向西方各国派遣使节，就不会出现"礼仪冲突"。

另一方面，西方各国驻华使节要求按照惯例觐见中国政府的最高领袖，也一直遭到清廷的软抵制——在"华夷外交观"下的觐见仪式，需要驻华使节们跪拜皇帝；但在"条约外交观"下，各国平等，要让西方驻华使节跪拜中国皇帝，无异于痴人说梦。清廷既明白这一点，又不愿意放弃凸显天朝上国荣耀的"华夷外交观"，就只能采取逃避措施，一拖再拖，以皇帝年幼为由，始终对皇帝接见西方驻华使节一事不做安排。

在"修约年"即将到来之际，清廷不得不向西方派出自己的外交使团。使团势在必行，面子同样也不能丢：如果使团在出使西方时"入乡随俗"采用了西方的礼仪，那么势必影响到国内皇帝接见西方驻华使节的礼仪问题的谈判——清廷为了避免皇帝平等接待西方驻华使节，已经在谈判桌上为之奋斗了十年，岂可功亏一篑！

那么，让外国人率领中国使团出使，就成了解决这一矛盾的"最佳方案"。正如总理衙门的奏折里所说："用中国人为使，诚不免为难；用外国人为使，则概不为难。"

尽管如此，清廷还是放心不下，又为使团拟定了八条训令。其中就"礼仪问题"专门指示：可以"概免"行礼的情况，尽可能免掉，待将来谈判好了再说；必须按照西方各国礼仪，无法推托者，一定要严正申明，这是西方之礼，与中国国情不符，"中国无论何时，国体总不应改"；一切有违中国国体礼仪之事，可以不举行的一概不举行。

这些训令没有能够约束住蒲安臣。总理衙门建议使团不要将国书直接递给西方国家政府首脑，以免他们反过来要求直接递国书给清朝皇帝，但蒲安臣一到美国，就接受了约翰逊总统的接见，亲递国书；总理衙门训令回避西方礼仪，使团在递交国书的过程中，则完全依照西方的鞠躬、握手之礼而行。此后，在前往英、法、瑞、丹、荷、普、俄等国时，使团一律采用了西方礼节。

因为蒲安臣是外国人的缘故，随行历练的中国官员志刚和孙家谷倒也并不觉得有什么丢脸的地方。志刚在日记里写道："礼从宜，使从俗，亦礼也。"也许是耳濡目染之效，蒲安臣1870年2月病逝后，使团继续前往比利时、意大利和西班牙，仍使用西方外交礼仪鞠躬觐见各国君主、递交国书。

还原：蒲安臣使团所取得的外交成就

在《中国外交史（鸦片战争至辛亥革命时期1840—1911）》一书中，对蒲安臣及使团的性质作如此描述：

"由于蒲安臣多年来凭其狡狯伎俩骗得了他们的信任，他们竟认为这个美国侵略分子是'处事和平，能知中外大体'，'遇有中国不便之事，极肯排难解纷'，因而是十分恰当的人选。赫德在得到这个消息后，立即到总理衙门，极力表示赞同。于是在美英侵略分子的合谋怂恿下，清政府竟委派蒲安臣为'钦派办理中外交涉事务大臣'，出使各国……这样组成了一个光怪陆离的使团。"

这种叙述是某种特殊、扭曲的历史观下的产物，沿袭了古老中国的"诛心"传统。

访美：签订中国近代第一个平等条约

使团的第一站是蒲安臣的祖国——美国。在旧金山，蒲安臣发挥了他演说家的特长，向听众们宣称：他的出使，意味着中国已经走上了和平与进步的道路，这个伟大的民族向西方文明光辉的旗帜伸出双手的日子不远了，这个时机已经降临，这样的日子已经来到。

在纽约，蒲安臣继续游说：中国已经"睁开它的眼睛了……它愿意和你们通商，向你们购买货物，卖东西给你们"，并且激励美国的传教士们："在中国每座山头上和每个山谷中竖立起光辉的十字架！"

上述言论，无疑代表着蒲安臣对此次出使成果的个人期望。但他同样没有忘记清廷所交付的使命："我希望中国的自治能够得到保持，我期望它的独立能够得到保证，我期望它能够得到平等的待遇，从而使它能够得到与所有国家同等的权利。"

《蒲安臣条约》是使团在美国所取得的最重要的外交成果。这是近代以来中国与西方国家所签订的第一个平等条约。美国在条约中保证不干涉清廷内政，还涉及保护华侨、自由移民、宗教信仰自由等条款。尤为重要的是，美国政府在签订条约之后，随即外交知悉欧美各国，表示美国将不承认任何干涉中国内政的意图和态度，并要求美国驻欧洲的各国公使协助蒲安臣使团顺利完成此次出访。

访英：迫使英政府公开承认武力威胁中国地方政府的行为欠妥

使团于1868年9月抵达伦敦。因为此前与美国签订条约中的"不干涉中国内政"条款有直接针对英国的意思，英国朝野对待使团十分冷淡，媒体也对使团大多抱有敌意。直到10月，使团才得以礼节性地拜会了外相斯坦利；11月，才在一种冷淡的气氛中获得了维多利亚女王的接见。

恰于此时，中国国内发生了因天主传教士开办的育婴堂连续死去四十多名婴儿而导致数万满怀疑忌的群众火烧教堂、殴打传教士的"扬州教案"。英国驻上海领事麦华陀趁机调遣军舰开赴南京，威胁两江总督曾国藩。清廷与之交涉数月未果，遂令蒲安臣使团借访问英国之机直接与英国政府交涉。

依赖蒲安臣等人对西方外交游戏规则的熟悉，交涉得以成功。双方协定：此后发生同类事件的处理办法必须循约而行，"不得擅调兵船与地方官争执"。并迫使英国外交部发表官方声明，公开承认擅自调兵威胁中国地方官员的行为欠妥，表示尊重中国的主权和司法权。但英国仍然表示对使用武力"以便保护生命财产免受迫切的危害"持保留态度。

声明发表后不久，又发生英驻中国台湾淡水领事吉必勋擅调兵船，向台湾地方官勒索白银的事件。清廷依据协定，照会英国政府。英国政府遂令吉必勋缴回所索银两，并向淡水中方官员赔礼道歉，随后并将吉必勋革职。

访德：俾斯麦认可中国需要一个强大的中央政府

1869年11月，使团抵达柏林。按照蒲安臣夫人的说法，使团在普鲁士受到了"最正式、最壮观的接待"。

1870年1月，蒲安臣与普鲁士铁腕首相俾斯麦举行了正式会晤。会晤的结果是俾斯麦表态：中国需要一个强大的中央政府。使团得到了英、美等国的广泛支持，而德国需要与这些国家保持良好关系。俾斯麦说："疆域辽阔、人口众多的（中华）帝国需要一个得到尊重、具有权威和力量的中央政府。"

这既是对清廷统治合法性的认可，也是对中国主权国家地位的承认。

访俄：蒲安臣劳累成疾骤然去世

1870年2月，使团抵达俄国首都圣彼得堡。半个月后，他们得到沙皇亚历山大二世的接见。俄国此时与中国在西北和黑龙江流域关系十分紧张，沙皇在会见中故意与蒲安臣大谈无关痛痒的美俄关系，而对中俄关系刻意避而不谈，令蒲安臣感觉交流十分艰难。2月18日，蒲安臣突然病倒，多方诊治均不见好转。

随行的中国官员志刚记载了蒲安臣病重后的工作状况："病势日加，犹日阅新闻纸，以俄国之事为忧。盖蒲使长于海面商政，而至俄国，则与中国毗连陆地将万数千里，而又各处情形办法非一，恐办法稍差，失颜于中国；措语未当，贻笑于俄人。乃日夜焦急，致病势有加无已。"

是年2月23日，蒲安臣病逝于钦差大使任上。

结语：朝廷死要面子，什么都是浮云

蒲安臣出使之前，特意制作了一面黄色的国旗——"蓝镶边，中绘龙一尺三长，宽二尺，与使者命驾之时以为前驱"。由此，龙旗成为晚清中国的一个象征，中国第一次以主权国家的面目出现在

国际社会中。

蒲安臣以他高超的演说才能，给予了西方世界一个温和的、开放的新的中国印象。每到一处，他都极力声称中国正准备冲破传统的铁幕，投入近代世界文明中。这一形象营销在欧美各国中取得了成功，但悲哀的是，他没有能够带着荣耀回到北京，而他演说里那个正走向开明的中国政府，其时正为他在使团内大力推广西式外交礼仪而头疼不已——1869年，英国驻华公使阿礼国向总理衙门递交照会，以蒲安臣使团在欧洲使用西方觐见礼仪为由，要求清廷准许各国驻华使臣以西方礼仪觐见皇帝。

朝廷又一次搬出了"皇帝年幼"和"中外国情不同，礼节也不同"的陈词滥调。

在面子本位体制下，蒲安臣努力塑造出来的开明中国的形象，在西方昙花一现，归于虚构。

相关言论

文祥：不要强迫我们修铁路和电报

"我们给予我们的使节的唯一训令，是不让西洋强迫我们建设铁路和电报，我们只希望这些事情由我们自己来提倡。"

总理衙门大臣文祥肯定蒲安臣使团的出使达成了一些预期效果。

赫德：如果蒲安臣做另外一套，后果不堪设想

"如果蒲做得正确了，他的出使可能对中国和人道有最良好的影响；但是，如果他做的是另外的一套，我们就必须靠上天来保佑将来了。"

虽然赫德是蒲安臣出使的极力推动者，但他同样也表示了深切的

担忧：蒲安臣毕竟是个外国人，一旦他作为中国使节出卖中国利益，后果将不堪设想。幸运的是，蒲安臣不是那样的人，正如赫德不是那样的人一样——他领导的海关总税务司是晚清唯一没有贪腐的衙门。

倭仁：西方文明不过是淫乱和机诈

"彼等之风俗习惯不过淫乱与机诈，而彼等之所尚不过魔道与恶毒。"

士林领袖、帝师倭仁极力反对蒲安臣使团出使欧美，在给朝廷的一封奏折里如此描述"近代西方文明"。

志刚：好是很好，但不符合中国国情

总理衙门官员志刚随蒲安臣使团出访欧美，后撰写有《初使泰西记》一书。

1869年使团在巴黎，志刚在日记里记述了观看西洋舞蹈的感受，多有赞叹之后，他总结道：西洋舞蹈好是很好，但不符合中国国情。因为"中国之循理胜于情，泰西之适情重于理"，所以这些舞蹈只能在西方跳，不可引入中国。

在法国，志刚听说了男女群聚海滨浴场"洗海澡"的"盛况"，男性只穿条泳裤，女性加穿一件"背心"。他感叹："遥闻此事而艳之，惜忙，未得一往观焉。"

收起艳羡之心，传统知识分子志刚回归思辨：洗海澡好是很好，但不符合中国国情。因为"欧洲之人大率血燥，故心急、皮白、发赤而性多疑。虽不赴海澡，亦必每日冷水沐浴而后快"，但是，中国人体质与他们不同，不可以群聚洗海澡，"中国重理而轻情，泰西重情而轻理"。

思想犯：留美幼童回撤事件始末

朝廷下旨中途召回留美幼童

1872年8月，第一批幼童三十人从上海港乘船出发前往美国。其后三年，1873年、1874年、1875年每年各有一批，共一百二十名幼童（年龄在十到十六岁间）到美国留学。留学年限定为十五年，另加两年游历以验所学，加上行前在上海预备学校肄习一年中西文，共计将近二十年时间。史称"晚清幼童留美计划"。该计划最强力的推动者李鸿章曾如此表述其目的："求洋人擅长之技，而为中国自强之图。"

尽管在启动之初，李鸿章屡次言及不畏艰险与流言，决不使计划流产，但最终，他没有能够坚持到底。伴随着李鸿章对留美幼童计划进展的失望，1881年6月28日，总理衙门照会在美国的幼童出洋肄业局，令全体师生尽速返华。留美幼童分三批启程，于同年秋返回中国。至此，始于1872年，历经十年的中国第一次官派留学计划以失败告终。

一度拟将推动留学教育以开启民智作为自己毕生事业的容闳痛心疾首："毕生志愿，既横被摧毁……顿觉心灰，无复生趣。"后来他在天津见到李鸿章，严厉指责这位洋务老臣没有尽力保全这一事业。然而，容闳所不知道的是，李鸿章本就是撤回留美幼童的强力主张者。1881年，李鸿章内心的痛苦丝毫不亚于容闳：这个"老糊棚匠"希望造就一批明了西方技术文明的"青年糊棚匠"；然而，幼童们在美国所接受的教育，却显然是要将他们培养成旧体制的掘墓人。对为留美幼童计划竭尽全力顶了近十年的朝野舆论压力的李鸿章而言，这是怎样一种情何以堪的心境？在下达回撤谕旨的那一刻，那一百多名留美幼童已成为举国士大夫心目中不可饶恕的"思想犯"。

容闳的理想：造就开启新时代的新公民

鲁迅式的痛苦

1847年，不足十九岁的容闳远涉重洋去了大洋彼岸的美国。若干年后，久历欧风美雨的他如此描述自己被新时代启蒙之后的痛苦："予当修业期内，中国之腐败情形，时触予怀，迨末年而尤甚。每一念及，辄为之怏怏不乐，转愿不受此良教育之为愈。盖既受教育，则予心中之理想既高，而道德之范围亦广，遂觉此身负荷极重，若在毫无知识时代，转不之觉也。更念中国国民，身受无限痛苦，无限压制，此痛苦与压制，在彼未受教育之人，亦转毫无感觉，初不知其为痛苦与压制也。故予尝谓知识益高者，痛苦亦多，而快乐益少。反之，愈无知识，则痛苦愈少，而快乐乃愈多。快乐与知识，殆天然成一反比例乎。"

这种痛苦，鲁迅也曾经描述过——"假如一间铁屋子，是绝无窗户而万难破毁的，里面有许多熟睡的人们，不久都要闷死了，然而是从昏睡入死灭，并不感到就死的悲哀。现在你大嚷起来，惊起了较为清醒的几个人，使这不幸的少数者来受无可挽救的临终的苦楚，你倒以为对得起他们么？"

痛苦是一致的，选择居然也相差无几。鲁迅继续写道："然而几个人既然起来，你不能说决没有毁坏这铁屋的希望。""是的，我虽然自有我的确信，然而说到希望，却是不能抹杀的，因为希望是在于将来……"

　　容闳也相信"希望在于将来"："在予个人而论，尤不应存此悲观……既自命为已受教育之人，则当日夕图维，以冀生平所学得以见诸实用……予意以为予之一身，既受此文明之教育，则当使后予之人，亦享此同等之利益。以西方之学术，灌输于中国，使中国日趋于文明富强之境。"

能够改变中国的不是宗教，而是教育

　　容闳家贫，在美国的学业依赖各方的资助，这些资助大多与宗教有关。他所在的中学——孟松学校的校董就曾以回国后充当传教士作为资送他进入大学的前提条件。但在容闳看来，宗教"未必即为造福中国独一无二之事业"，中国素无宗教信仰的传统，西方文明的基本——基督教教义实际上从未与中国文化完全地融合过，整合中国世俗社会的，仍是传统儒学。

　　拒绝回国做一名传教士的代价是高昂的。正如熟悉容闳的约瑟夫·特维切尔（Joseph Twichell）牧师所说："（容闳）断定自己当传教士并非上策。他隐约猜想有些别的事情等着他去做。他充分意识到这是一个代价高昂的决定。这个决定违反了他周围大多数人的见解和渴望。同时，由于这个决定，他同那些慈善基金来源一刀两断，没有了金钱收入。"

　　漫长的海外生涯已经将容闳变成了一个地地道道的美国人，他拥有美国国籍，而且几乎忘了怎样说国语。但他在自传里说："我的爱国精神和对同胞的热爱都不曾衰减；正好相反，这些都由于同情心而更加强了。因此……我苦心孤诣地完成派遣留学生的计划，这是我对中国的永恒热爱的表现，也是我认为改革和复兴中国的最为切实可行的办法。"

1870年，曾国藩、丁日昌等奉旨赴天津办理天津教案，容闳作为翻译也参与其事。丁日昌与容闳关系甚好，受其催促，向曾国藩重提留学计划，终获同意，曾答应与李鸿章联衔入奏。容闳半夜被丁日昌唤醒告知消息，"乃喜而不寐，竟夜开眼如夜鹰，觉此身飘飘然，如凌云步虚，忘其为僵卧床笫间"。稍后，即有1872年第一批官派留学生启程赴美。

改革旧世界的首要之务，在于改革旧文化

曾国藩大约并不清楚容闳极力促成外派留学生的真实用意。这位将传统儒家文化的"内圣外王"发挥到最高境界的清帝国的中流砥柱，希望通过派遣留学生，学到西方国家第一手的强国技术。曾国藩希望借此复兴清帝国和儒家道统的辉煌；容闳却希望借此改造陈腐的东方文化，造出一个新的"少年中国"："然使予之教育计划果得实行，藉西方文明之学术以改良东方之文化，必可使老大帝国，一变而为少年新中国。"

清廷之有无，儒家意识形态之存废，本就从来不在容闳的考虑之内。1855年，他在广州目睹了儒学出身的两广总督叶名琛屠杀广州民众时的极端残暴——那年夏天，这位道光十五年（1835年）的进士，一口气杀了七万五千余人，其中绝大部分人与太平天国毫无关系。容闳亲往刑场考察，所见触目惊心："刑场四围二千码以内，空气恶劣如毒雾。此累累之陈尸，最新者暴露亦已二三日。地上之土，吸血既饱，皆作精色。余血盈科而进，汇为污池。空气中毒菌之弥漫，殆不可以言语形容。"

传统文化孕育不出近代文明。容闳后来评价说："似此不分良

莠之屠戮，不独今世纪中无事可与比拟，即古昔尼罗王之残暴，及法国革命时代之惨剧，杀人亦无如是之多。"

访问太平军并对其前途表示悲观之后，容闳再度谈及自己对清廷的失望："（太平军的兴起）恶根实种于满洲政府之政治，最大之真因为行政机关之腐败，政以贿成。上下官吏，即无人不中贿赂之毒……官吏既人人欲饱其贪囊，遂日以愚弄人民为能事。于是所谓政府者，乃完全成一极大之欺诈机关矣。"

在容闳看来，政府之所以"完全成一极大之欺诈机关"，文化上的落后是极重要的因素，"中国为纯粹之旧世界，仕进显达，赖八股为敲门砖"。改革旧世界的首要之务，即改革旧文化。致力于留学教育，在容闳看来正是改革旧文化的一条捷径："予意他日中国教育普及，人人咸解公权、私权之意义，尔时无论何人，有敢侵害其权利者，必有胆力起而自卫矣！"

李鸿章之梦：培养新一代的"糊棚匠"

陈兰彬建议撤回留美幼童

光绪六年（1880年）十一月，清廷颁布上谕，言及对留美幼童之事的不满，称："有人奏，闽、洋两局废弛……出洋学生近来多入耶稣教，帮办翻译黄姓暗诱学生进教，总办区姓十数日不到局，学生等毫无管束，抛荒本业等语。朝廷不惜重帑，设立船政局，并派员管带幼童出洋，原期制造轮船精坚合式，成就人材，以裨实用。若如所奏种种弊端，尚复成何事体！"

次年二月，陈兰彬回奏，描述留美幼童的"现状"，并建议撤回留美幼童："上年十一月，吴嘉善特来华盛顿面称，外洋风俗流弊多端，各学生腹少儒书，德性未坚，尚未究彼技能，实易沾其恶习，即使竭力整饬，亦觉防范难周，亟应将局裁撤，唯裁撤人多，又虑有不愿回华者，中途脱逃，别生枝节等语……臣窃维吴嘉善身膺局务，既有此议，诚恐将来利少弊多。"

朝廷将陈兰彬的回奏交由总理衙门讨论。后者则转而征求直接负责此项留学事业的北洋大臣李鸿章——当年力主促成此项事务者的意见，曾国藩已经去世，丁日昌回籍养病，唯李鸿章多年来一直竭力支持。于是，李鸿章的意见就成了留美幼童是否应该撤回的决定性因素。

李鸿章无意于积极保全留美幼童

李鸿章随后回信总理衙门，意见是"半撤半留"，即同意裁撤负责留美幼童事务的专门机构——驻洋肄业局，并将部分学生撤回国内，其余部分已进入大学毕业在即的学生，则由驻美使馆暂时代为管理，待其毕业后再令回国。为了说服朝廷同意半撤半留，李在信中还提到了美国前总统格兰特和几位美国大学校长对此事的态度："皆谓学生颇有长进，半途中辍殊属可惜，且于美国颜面有损。"

但总体上，李鸿章的态度是消极的。对陈兰彬及其他士大夫们的反对意见，李基本上都表示了认可。譬如，陈兰彬指责留美幼童偏重西学荒废中学，李鸿章表示自己也清楚内情："迩年以来，余有议纯甫（容闳）偏重西学，致幼童中学荒疏者，鸿章尝寓书诫勉，不啻至再至三。"李更多的是在纠结回撤幼童的方案——"纯甫（容闳）久管此局，以谓体面攸关，其不愿裁撤，自在意中。然阅其致子登函内，有分数年裁撤之说，尚非不可以理喻者。"

收到李鸿章的回信之后,总理衙门做出决策,上奏朝廷请求将所有留美幼童一体撤回。奏折称:"自同治十年由南北洋大臣奏定章程,挑选幼童中之资质较优者出洋,前往就学,以备异日材成之用……讵料日久弊生,有名无实……臣等以为,与其逐渐撤还,莫若概行停止,较为直截,相应请饬下南北洋大臣,趁各局用人之际,将出洋学生一律调回。"

李鸿章这种消极态度显然是总理衙门决定撤回留美幼童的主要原因。长期以来,是李鸿章的孤军奋战在成就着这项事业——留美幼童一事倡议之初,曾国藩仅仅在向朝廷奏请其他事务时顺带提了这个建议,是李鸿章随后致信曾国藩,极力敦促他为此事专门上奏,"断不可望事由中废";1874年派出第三批留美幼童时,举朝士大夫不满于开销太大,主张不再派遣,是李鸿章最后顶住了压力;1877年,美国物价大涨,留美幼童请求添拨经费,是李鸿章上奏,坚定表态:"此举为造就人才,渐图自强至计,关系甚大……断无惜费中止之理……"如今,连李鸿章也变得如此消极,总理衙门选择将幼童全部撤回,也是很自然的事情。

无可自拔、无可救药的帝国"文化中心观"

李鸿章态度的转变开始于1879年。这一年,负责留美幼童事务的两位总办相继回国,从他们那里,李鸿章获悉了幼童们在发展方向上存在问题——由于容闳的纵容,"学徒抛荒中学"严重。1880年5月,李鸿章写信给陈兰彬,专门谈如何纠正这个问题。

在信中,李鸿章要求容闳专管西学,不要掺和幼童中学方面的教育。李希望幼童们既能够学到西方的科学技术,以满足洋务之用，同时又不荒废传统的儒学教育。在李鸿章看来，幼童们必须坚持"中学为体，西学为用，不可偏废"，否则，即使西学修得再好，于国家也没有益处。

关于这一点，量身定制的《幼童出洋肄业事宜折》中有明确规定："出洋后，肄习西学，仍兼讲中学，课以孝经、小学、五经及国朝律例等书，随资高下，循序渐进；每遇房、虚、昴、星等日，正副委员传集各童，宣讲《圣谕广训》，示以尊君亲上之义，庶不至囿于异学。"

这样做的目的，李鸿章曾说得相当明白："中国文武制度，事事远出西人之上，独火器万不能及。""经国之略，有全体，有偏端，有本有末"，西学乃是"偏端"，中学乃是"全体"。向西学学习的宗旨是"以中国之伦常名教为原本，辅以诸国富强之术"，换言之，是"取西人器数之学，以卫吾尧舜禹汤文武周礼之道"。

这不是李鸿章个人的看法，而是那个时代绝大部分士大夫们的看法——即便是很早就开始呼吁在中国实施议会政治的郑观应，在言及向西方学习时，也不得不如此描述："古人名物象数之学，流徙而入于泰西，其工艺之精，遂远非中国所及"，这和刘锡鸿所谓的西方强盛是因为向中国学习，可谓异曲同工——尽管刘锡鸿一心拥抱儒家道统，而郑观应醉心于议会政治。无法放弃帝国的"文化中心观"，是那个时代所有知识分子（无论其保守还是激进）的共同特征。

幼童们中文方面的学习并无问题，因为容闳希望他们日后回国缔造一个少年新中国，学好中文是必须的。陈兰彬们所不满的，是幼童们改穿西服、剪除辫子，乃至加入基督教。但更多的不满其实源自细节。1879年，吴嘉善接任留学监督后，招幼童们到华盛顿使署中教训，各生谒见时，均不行拜跪礼，结果成了严重事件："（僚属金某）大怒，谓各生适异忘本，目无师长，固无论其学难期成材，即成亦不能为中国用。具奏请将留学生裁撤。"——幼童们所受的西方近代教育，使其无法理解中世纪儒家教育的种种礼仪规范。

李鸿章也无法原谅幼童们何以不行跪拜礼，这形同对帝国意识形态的背叛。多年之后，梁启超曾如此评价李鸿章和他的洋务改革："李鸿章所办洋务……缘其大纲，不出二端：一曰军事……二曰商务……其间有兴学堂派学生游学外国之事，大率皆为兵事起见，否则以供交涉翻译之用者也。李鸿章所见西人之长技，如是而已。"

李鸿章需要的，只是单纯的技术人才；而幼童们在美国，像当年的容闳一样，正日趋蜕变成开启新时代的新公民；"李鸿章们"戴着传统意识形态的有色眼镜，看不到新时代的优越性，自然更无法认可新时代所造就出的新公民。

留美幼童之痛：等待我们的只有荒漠和枯萎

幼童们对半途被迫回国深感遗憾和痛苦，但更痛苦的是，离开十年后归来，等待他们的不是荣耀和拥抱，而是耻辱和排斥。

幼童黄开甲在给美国友人的信中描述了自己想象中的被祖国拥抱的幸福："当我们溯江而上遥望上海时，曾幻想着热烈的欢迎在等着我们，那熟悉的人潮，和祖国伸出温暖的手臂拥抱我们……想象中的欢迎，使我们越发激动。"

然而，现实却是：

"船头划开扬子江平静而黄色的水波，当靠码头时，那船舷碰岸的巨响，才惊醒我们'乌托邦式'的幻梦。

人潮围绕，但却不见一个亲友，没有微笑来迎接我们这失望的一群……为防我们脱逃，一队中国水兵，押送我们去上海道台衙门后面的'求知书院'。

求知书院已关闭十年了，迷信的人们相信此处常有幽魂出现，惊恐的中国同胞言之凿凿，大门十年未开启，墙壁剥落，地板肮脏，石阶满布青苔，门窗均已潮湿腐烂。

当你跨进门槛，立刻霉气熏鼻，这些阴暗似乎象征我们的命运。入夜，我们可以清楚看见那潮气由地上砖缝中冉冉升起，使我们衣衫尽湿，一种昏沉笼罩着我们，这种侮辱刺痛着每个人的心。而令人最可怖的是那些在留学监督头脑中荒诞不经的思想，使我们学未成而强迫返华。

如同狗之吠月，我们无能为力。望着满布蛛网的墙壁，使人昏昏欲睡。而手臂接触到的潮湿，正是我们的被褥。我们的床就是两条板凳上摆一块木板，这种简陋的安排，美其名是对我们的招待。"

踏上祖国土地的那一刻开始，幼童们就背负起了"叛徒"的罪名，他们背叛了帝国的文化，背叛了帝国的传统意识形态，他们是"思想犯"，是"洋鬼子"和"有害于社会"以及"无益于国家之人"。他们是危险的种子，必须受苦，必须接受政府的监管。

在经济上，大多数幼童月薪只有四两银子，当时上海道台的年薪则可达一万至一万五千两银子。薪水之微薄，令幼童们生活困难。黄开甲说："这种待遇使我们仅免于冻饿。我们的饥寒与否，政府是漠不关心的，至少我们感到如此。对于我们家人是否冻饿，政府更不予理会了。"

政治上，幼童们也深受政府"虐待"，毫无社会地位可言。出洋前承诺的官职自然是不敢奢望，还必须接受政府的严厉监管，曾有幼童苦于薪资不足以糊口而逃至上海谋生，结果被朝廷下令通缉。《申报》曾如此描述幼童们的处境："他们的薪水还不如西商的侍者，对他们的监管比囚犯还严厉。如此用人，安得有良材大器出而为国家办洋务哉！"

一位叫做罗勃特的美国人当时所观察到的与《申报》的描述一般无二："我曾在大街上匆匆见到（黄）开甲一面，因为他负有公差，才特准外出也。不知何故，他们被中国官方视同罪犯，对这种侮辱，使他们全体愤慨不已。在留美期间，他们对文明社会已深切体会。也许，中国政府召他们返国正拟将开明的种苗拔除，则此实为自取败亡之举……"

幼童们则发出了这样的哀叹："我们是易于摧毁的，我们没有天赋的忍耐，我们似新生的树苗，由肥沃的土壤、温和的气候移植到无知迷信的荒漠，我们不会成长，只会渐渐枯萎……"

结语：让革命胜利，是时代最大的失败

容闳是输家，他破灭了理想；李鸿章也是输家，新一代的"糊棚匠"没有成长起来；幼童们同样是输家，他们成了那个时代的一场畸形试验的牺牲品。

那么，谁是赢家？

曾任民国总理的颜惠庆于《马关条约》签订之后赴美留学，后来在其自传中回忆说："政府一面很想利用我等所受的现代教育和所具有的新知识为国家服务，同时，又怕我们变成革命分子，推翻满清，心里至为矛盾。"

这种矛盾终于在1911年成为现实。武昌起义爆发后，清廷起用袁世凯为总理大臣。留美幼童唐绍仪被聘任为袁内阁的全权代表，赴上海与南方民军总代表伍廷芳谈判议和。唐在谈判中极言"清廷不足保全，而共和应当推动"，并以此为议和的指导方针，最终促成南北联合推翻了清廷。

此种情形，容闳在幼童们被撤回那年就预见到了："学生既被召回国，以中国官场之待遇，代在美时学校生活，脑中骤感变迁，不堪回首可知。以故人人心中咸谓东西文化，判若天渊；而于中国根本上之改革，认为不能稍缓之事。此种观念，深入脑筋，无论身经若何变迁，皆不能或忘也。"

让革命胜利，是时代最大的失败。

相关言论

曾纪泽：幼童未读圣贤书即出洋，对中国没什么好处

陈兰彬、吴嘉善等人热衷洋务，当时称为开明，然而即便是他们，也无法接受留美幼童对美国文化的认同。曾国藩是幼童出洋的重要推动者，其子曾纪泽办理外交多年，熟知中外情状，居然也明确反对幼童出洋："昔年陈荔秋、容纯甫率幼童出洋，纪泽侍先太傅前，陈说利弊……当时言：美国君臣上下，不分等差。幼童未读中国圣贤书，速令远赴异域，专事西学：上之不过为美邦增添士民，下之为各埠洋行增添通事、买办之属耳，于中国无大益也。"

美国大学校长联名致信总理衙门：幼童改变了中国形象

1881年留美幼童返华前，他们的美国校长联名致函中国总理衙门，给予幼童这样的评价："贵国派遣之青年学生，自抵美以来，人人能善用其光阴，以研究学术。以故于各种科学之进步，成绩极佳……论其道德，尤无一人不优美高尚。其礼貌之周至，持躬之谦抑，尤为外人所乐道……凡此诸生言行之尽善尽美，实不愧为大国国民之代表，足为贵国增荣誉也。盖诸生年虽幼稚，然已能知彼等在美国之一举一动，皆为祖国国家之名誉极有关系，故能谨言慎行，过于成人……美国少数无识之人，其平日对贵国人之偏见，至此逐渐消灭。"

李鸿章责怪容闳：为何任由学生归国而不进行抵制

1881年留美幼童撤回后，容闳在天津同李鸿章会面，谈及此事，李鸿章责问："汝何亦任学生归国乎？"容闳说："此事乃由公使陈兰彬奉上谕而行，鄙意以为总督及陈兰彬与吴子登，皆赞成此举也。予纵欲挽回此事，亦何能为役。且违抗谕旨，则人且目为叛逆，捕而戮之。"

李鸿章反驳道："否，予当日亦甚愿学生勿归，仍留美以求学，故颇属望于汝，谓汝当能阻止学生勿归也。"对此，容闳极为惊诧，"当日此举，总督既未有反对之表示，身居四万五千里外，安能遥度总督心事？"这或许可以作为此一事件中李鸿章矛盾心理的一段注解。

幼童们：回国后对美国留学生涯甚是怀念

幼童们返国后，现实环境的压抑让他们喘不过气来，集体呈现出对美国留学生涯的怀念。譬如，幼童罗国瑞在给美国友人的信中说："我忆起在西海汶我们共同度过的童年。那里有海滩与树林，我相信我一生最快乐的日子是在那里度过。人人是那样和蔼可亲，而最使孩子们常念不忘的是那丰盛可口的食物，就在这种无忧无虑的环境下，我们共同步入成年。"

幼童黄开甲在给美国友人的信中也说："对于正想合上眼皮的人，我想他们（幼童）一定再度回味到太平洋彼岸愉快的时光。曾在亲切的监护和指导下，引导他们走向正义之路，明白做人之道。有可爱的声音教他们念主祷文，有和蔼的微笑经常迎接着他们，他们一定再度幻想重游我们的母校……"

幼童温秉忠则回忆说："中国幼童们与食宿一同的美国家庭及中学、大学同学们均建立深厚之友谊。故启行之日（1881年返华之日），幼童与童年朋友告别，均很伤感，最重要的是，美国老师及监护人，那种家长式的爱护（parental treatment），使幼童们久久铭刻不忘。"

中日合邦闹剧流产

1899年最重要的事件，不是"发生了什么"，而是"没有发生什么"——因为慈禧太后在上年9月发动的政变，维新运动夭折了；同样因为这场政变，一场原拟在1898年末至1899年初上演的"中日合邦"的亡国闹剧，也幸运地中途流产。

荒唐的救亡之策

除了开制度局取代现行各级政府机构之外，康有为在戊戌年还有一条极重要的"救亡之策"，那就是"中日合邦"。据康氏《自编年谱》记载："时与日本使矢野文雄约两国合邦大会议，定稿极详，请矢野君行知总署答允，然后可以大会于各省。而俄人知之，矢野君未敢。"

这是戊戌年四月的事情，康氏此时还没有得到皇帝的召见。矢野文雄曾任职日本大藏省，后入"报知新闻"工作，稍后在伊藤博文的推荐下，又再度进入政界，1897年被任命为日本驻华公使。矢野文雄与伊藤博文之间的深厚关系，成了康党在"中日合邦"问题上与伊藤博文建立联系的直接桥梁。

洪汝冲的旁敲侧击："即合为一国，亦不为怪"

康氏没有对其"两国合邦大会议"作更详细的描述。要明了其性质究竟是合并、联邦、邦联或仅仅是外交同盟，还需要参考其他资料。

戊戌年（1898年）七月二十四日，刑部主事洪汝冲上书光绪皇帝，提出了迁都、借才、联邦三条建议。除建议朝廷迁都荆襄之外，洪氏"借才""联邦"二策均与康氏"中日合邦"的方案颇为类似。

关于"借才"，洪汝冲建议："职以为不仿行西法则已，苟仿行西法，则一切内政，尤当广聘东西各国名士，畀以事权，俾资赞助，收效必宏"——意即主张聘请"东西各国名士"来参与新政，而且这些"名士"绝不仅仅是顾问身份，而是要"畀以事权"，赋予他们具体的职务和权限。

洪氏还向皇帝提出了他心目中的"名士"人选："甲午之役，则伊藤、陆奥，名震寰区。近日伊藤罢相，将欲来游，借觇国是。皇上如能縻以好爵，使近在耳目，博访周咨，则新政立行。"也就是说，洪氏心目中的理想人选，是刚刚卸任日本首相职务的伊藤博文。

关于"联邦"，洪氏则建议："为日本者，所亲宜无过中国，以我幅员之广，人民之众，物产之饶，诚得与之联合，借彼新法，资我贤才，交换智识，互相援系，不难约束俄人，俾如君士但丁故事，则东西太平之局，可以长保，而祖宗缔造之业，亦坚如磐石矣。此事若在欧西，即合为一国，亦不为怪，挪威以合于瑞典而得自存，匈牙利以合于奥地利而以不灭。他如意、德以众国合成而称帝制，既无碍自主之权力，而有关两国之存亡，故坦然行之，并无猜忌。"

洪氏的"联邦"究竟是什么意思？其语意颇为含糊，但可以肯定，绝不是一般的国与国之间的结盟，若止于此，洪氏即不必提拿挪威、瑞典为例谈"合为一国"；两国结盟乃再正常不过的外交行为，洪氏更不必强调"坦然行之，并无猜忌"。

据史学家孔祥吉先生考证，洪氏的奏折很可能是康有为代拟的。

李提摩太在"合邦"问题上与伊藤博文走到了一起

在洪汝冲向皇帝推荐伊藤博文的同时，康有为邀请了在华多年的英国传教士李提摩太自上海赴京。值得注意的是：李提摩太在甲午战争后曾撰有《新政策》一文，极力主张"中英合邦"。李氏

《新政策》建议中国政府：宜延聘二位可信之西人，筹一良法，速与天下大国立约联交。宜立新政部，以八人总管，半用华官，半用西人。铁路仍电请西国办理铁路第一有名之人、年约四十岁者与之商办。李提摩太本力强年富，心计最工，在新政部应总管筹款借款各事。中国应暂请英人某某、美人某某，随时入见皇上，以西国各事详细奏陈。国家日报，关系安危，应请英人某某、美人某某总管报事。学部为人才根本，应请德人某某、美人某某总之。战阵之事，李氏本人素来不懂，应由专精此事之人保荐人才，以备任使。以上各事，应请明发谕旨。

李氏的这一连串建议，其实质是希望中国将外交、新政、铁路、借款、报纸、教育等权力，全部交由西人掌管。建议背后的李氏究竟是何居心姑且不论，但建议所导致的结果，则必然会使中国沦为第二个印度。

戊戌年夏天，李提摩太与康有为一度打得火热。李氏曾直接建议康氏：鉴于伊藤博文已经使日本变成一个强盛的国家，对中国政府来说，最好的办法就是请伊藤担任皇帝的顾问。康有为深表赞同，同时希望由李氏出任皇帝的另一名外国顾问。尤为值得注意的是：据《李提摩太在华回忆录记载》，李氏抵达北京后，与伊藤博文住在同一所旅馆，并与伊藤的秘书进行了长谈。稍后，康党及其同情者的奏折里多次出现李提摩太建议"合邦"的字句。鉴于当时英、日已结成同盟，以对抗俄国，对李提摩太的"合邦"建议，伊藤博文是否直接参与尚不得而知，但至少应该是了解而且赞同的。

杨深秀劝光绪"勿嫌合邦之名之不美"

伊藤博文抵京之后，中国朝野一度掀起了一股"伊藤热"。出于对日本维新政变成功的敬服，许多维新派的官员建议朝廷礼聘伊藤为新政顾问。康有为也修改了自己之前的"制度局"提案，而改为开设"懋勤殿"——懋勤殿虽然只是制度局的变种，但与制度局有一微妙区别：懋勤殿之主张——"选集通国英才数十人，并延聘东西各国政治专家共议制度，将一切应兴应革之事，全盘筹算，定一详细规则，然后施行"——增入了"延聘东西各国政治专家共议制度"，即聘请外国政治人物进入朝廷决策层。

戊戌年八月初五，伊藤博文晋见光绪皇帝的同日，康党终于正式向皇帝提出了他们的"合邦"建议。据康有为记载，提案是康氏在八月三日拟定的，呈递奏折的是康党积极分子杨深秀。杨深秀在奏折中说："臣闻刑部主事洪汝冲所上封事中，有迁都、借才两说，而其最要者，莫过联结与国之一条，盖亦深恐新政不及布置，猝为强敌所乘，蹈波兰之覆辙耳……今该主事所见与臣暗合，而其语之痛切尤过于臣，是诚按切时势之言也。昨又闻英国牧师李提摩太，新从上海来京，为吾华遍筹胜算，亦云今日危局，非联合英、美、日本，别无图存之策……况值日本伊藤博文游历在都，其人曾为东瀛名相，必深愿联结吾华，共求自保者也。未为借才之举，先为借箸之筹。臣尤伏愿我皇上早定大计，固结英、美、日本三国，勿嫌合邦之名之不美，诚天下苍生之福矣。"

杨深秀在奏折中提到了李提摩太、伊藤博文，也提到了洪汝冲。其"固结英、美、日本三国"究竟是什么意思？显然绝不是国与国之间的外交结盟，外交结盟乃再正常不过之事，不足以让杨氏说出"勿嫌合邦之名之不美"这般的话。

宋伯鲁奏折吐露"合邦"的真实内容

光绪皇帝在八月初五接见了伊藤博文，但没有就"借才""合邦"二事作出决策。于是乎，次日，也就是戊戌政变发生的当日，康党骨干宋伯鲁再度上书，就"合邦"一事作最后的努力。宋氏说："又闻俄君在其彼得罗堡，邀集德、法、英各国，议分中国，绘图腾报……昨闻英国教士李提摩太来京，往见工部主事康有为，道其来意，并出示分割图。渠之来也，拟联合中国、日本、美国及英国为合邦，共选通达时务、晓畅各国掌故者百人，专理四国兵政税则及一切外交等事，别练兵若干营，以资御侮……今拟请皇上速简通达外务、名震地球之重臣，如大学士李鸿章者，往见该教士李提摩太及日相伊藤博文，与之商酌办法，以工部主事康有为为参赞，必能转祸为福，以保佑我宗社。"

宋氏的奏折，终于将康党"合邦"的具体内容吐露了出来，即："拟联合中国、日本、美国及英国为合邦，共选通达时务、晓畅各国掌故者百人，专理四国兵政税则及一切外交等事，别练兵若干营，以资御侮。"具体而言是这样的：首先，"四国"合为"一邦"；其次，四国既有政府作废，另起炉灶，自四国中选出百人，组成新"邦"的新政府；最后，新政府拥有管理"四国兵政税则及一切外交"的大权。

康党本来还安排了李提摩太觐见光绪皇帝，但因为政变的爆发，觐见成了泡影。

英国军舰的可疑行动

康有为、李提摩太与伊藤博文等人积极运作"合邦"之时，英、日两国将与俄国开战的传闻也突然流传开来。戊戌年八月初三，总理衙门接连收到北洋大臣直隶总督荣禄的三封电报。荣禄在电报中说，八月初一傍晚，有英国军舰七艘出没于金山嘴、秦皇岛附近，八月初二又出没于塘沽、榆关附近，英国军舰并告诉清朝驻榆关官员："俄国意甚不善，英廷特派来此保护中国。"

英舰来意不明，荣禄遂调动军队，预作戒备。袁世凯日记中对此有所记载："（初三）将暮，得营中电信，谓有英兵船多只，游弋大沽海口。接荣相传令，饬各营整备听调，即回寓作复电。适有荣相专弁遗书，亦谓英船游弋，已调聂士成带兵十营来津，驻扎陈家沟，盼即日回防。"

稍后，中国东北的盛京、金州等地，也传来了英、俄两国各自调兵，即将开战的消息。八月初五，总理衙门又接到荣禄的电报，其中有英国水兵登岸要求进入中国兵营的消息。稍后，英、俄开战的谣言亦渐渐得到澄清。

英国以八艘军舰的庞大战力，出没于塘沽、山海关等地，既非对中国挑衅，亦非对俄国开战，其用意究竟何在？1899年3月，英国官方出版的《中国事件蓝皮书》第394号附件《海军中将西摩致海军部》中透漏了其中的内幕。西摩向英国海军部报告："参照9月23日我的电报，我向您报告16日、17日（阴历八月初一、初二）我在北戴河晤见了帝国公使窦纳乐，他对我说，事态一般看来似乎是平静的，既没有理由在这海面或在扬子江上集中帝国的军舰，也不需要舰队作任何特别的处置……因此，我带着舰队出发，作了一个已经呈报了的短程预定巡航，在23日回到威海卫。"

西摩正是在中国塘沽、山海关等地游弋的英舰的统帅。报告透露了两个信息：一是西摩的行动，是在执行英国驻华公使窦纳乐的命令；二是窦纳乐明确告诉西摩，"没有理由在这海面或在扬子江上集中帝国的军舰"，所谓俄国将入侵中国，英、俄即将开战，完全是英方制造的谣言。

至于为何要制造这种谣言，迄今尚无确切史料可资说明。但不妨作一推测：第一，李提摩太正在北京运作康党谋划"中英美日大合邦"；第二，窦纳乐与李提摩太关系密切；第三，英舰主动散播"俄国意甚不善，英廷特派来此保护中国"；第四，窦纳乐在政变中保护康有为逃走后，竟向庆亲王奕劻表示，在康成为通缉犯之前，他从未听过康的名字，但是，戊戌年康氏闹到京师无人不知，作为同在京师的英国驻华公使，窦氏显然是在撒谎。由此四点，似乎不难得出一个推论：英舰的行动，目的在于向清廷施加压力，以求促成"合邦"。

"中日合邦"的历史遗毒

康有为惯于异想天开，甲午前夕的"移民巴西再造儒教新中国"，戊戌年的"中英美日大合邦"，都是展示其天马行空的政治幼稚病的完美案例。但与"移民巴西"不同，康氏"合邦"提案既有历史渊源，更留下了极严重的历史遗毒。

历史渊源：森本藤吉《大东合邦论》

"合邦"一词，其实来自日本。1893年，日人森本藤吉出版《大东合邦论》一书，鼓吹日本应该与朝鲜合为一国。森本解释自己提倡"合邦"的理由："国人尝有唱征韩论者，夫战而取之，则必疲靡国力，以买其怨。论者知之，而犹欲取之者，恐外人据此地也。今协议以合之，其为大幸。果何如也？盖持大公以合之，则我不用兵而取朝鲜也，朝鲜亦不用兵而取日本也。一将之功不成，而万人之骨则无枯矣。以费于兵争之资，诱朝鲜之开明，则是不买怨而树德也，合邦岂日本之不利哉？"

为了能够尽可能多地影响朝鲜人和中国人，森本此书是用汉文书写的。中国上海、天津、汉口、重庆、福州诸地的乐善堂均有此书出售。戊戌年年初，梁启超得见此书，深为赞赏，对内容做了许多删改之后，交由康党开办的上海大同译书局翻刻出版，改名为《大东合邦新义》。康党在戊戌年高谈"合邦"，显然是受了森本此书的影响。

翰林院编修蔡元培当日在京城得见了梁启超的删改本和森本的原本。蔡氏赞美原本说："阅日本森本丹芳（藤吉）《大东合部论》十四篇……其宗旨在合朝鲜为联邦，而与我合纵以御欧人。引绳切事，倾液群言，真杰作也。"但批评梁氏的删改本："挖改之文，以迁移行墨，多无聊语。至乃改李鸿章为某总兵，可笑甚也。"

梁启超与蔡元培绝非卖国之人，二人均对森本的著作不吝赞美，肯定有他们的道理。考虑到森本本人思想极为驳杂，无政府主义、社会主义与东洋主义混而有之，森本此书主观上并不是为了便于日本侵略朝鲜、中国，也是可以肯定的，也唯如此，才可能让梁、蔡二人认同此书。

但世事的逻辑，往往客观结局与主观意愿是完全相反的。1896年，日本在朝鲜正式上演"合邦"闹剧，结果是朝鲜国王出逃，王后闵妃被杀，此后朝鲜内乱不断；至1905年，日本终于得以在朝鲜设置统监，统管其政治外交事务，而首任统监即是伊藤博文。此一情形，与戊戌年康党谋划的"合邦"计划何其相似。

历史遗毒：从"合邦"到"大东亚共荣圈"

戊戌年的"合邦"闹剧虽然没有能够在1899年变成现实，但"合邦"的流毒却贯穿了此后中国历史整整半个世纪。

1915年，日本当局以灭亡中国的"二十一条"逼迫袁世凯政府。同时，更以"合邦"之说眩惑、欺骗中国知识分子。梁启超在这一年公开发表《中日交涉汇评》，其中直接提到"合邦"问题："夫谓日本而欲翦灭中国耶？吾敢信日本人必不若是之愚，盖中国绝非朝鲜比也，欲我元首如李玉之揖让署约，欲我人民如一进会之要求合邦，此殆海枯石烂断不能致之事！"

梁氏此处明言"合邦"，与日方专门针对梁启超所作的"思想工作"有关。日方在这番"思想工作"中不但言及"合邦"，还翻出戊戌年日本当局庇护康、梁师徒的旧恩。

1919年，《凡尔赛和约》决定由日本继承德国在中国山东半岛的特权，触怒了国人的情绪，引发了五四运动。同年9月5日，军阀吴佩孚发布通电，要求明白宣示，决不补签和约。通电中再度提及"中日合邦"，称其是北洋当局安福系与日本所达成的协议："龚代揆登台之初，只声明负责十日。讵十日之后，竟据责任内阁重地，久假不归；并结合东日军阀芳泽之欢心，推任安福首领王揖唐任总代表……且二千四百万之大借款又将告成，安福系更昌言中日合邦不讳，此龚代揆不肯表示决不补签德约之隐衷也。"

抗日战争期间日方抛出的"大东亚共荣圈"，也是"中日合邦"的变种。学界对"大东亚共荣圈"的定义是："日本帝国在第二次世界大战中提出的邦联制战略构想与政治号召，起源于1938年11月日本政府发表建立'大东亚新秩序'的宣言，欲树立'中日满三国相互提携，建立政治、经济、文化等方面互助连环的关系'。"所谓"邦联制战略构想"，与戊戌年康党的"中英美日大合邦"何其相似。

1947年5月3日南京《世纪评论》杂志刊登题为《中日合邦论》的文章，署名何永佶，是一位哈佛大学博士。与日本半个多世纪以来锲而不舍的"合邦"努力相比，国人的这种文章，只能算作"意淫"。

结语

台湾学者雷家圣对康党的"合邦"计划有过一段议论："戊戌变法期间，尤其是日本前首相伊藤博文来华之后，伊藤博文与英国传教士李提摩太游说康有为等变法派官员，接受其'借才'之提议，并利用变法派官员掌握决策核心的便利，意图实行其'合邦'的阴谋。对于可能阻碍'借才''合邦'计划的慈禧太后与荣禄，康有为、谭嗣同等人则打算利用袁世凯的军队'杀荣禄、兵围颐和园'。慈禧太后是在明了情势险峻之后，才当机立断发动政变，挽救了此一危局。"

此论是否中肯，不妨见仁见智。笔者亦有一种"见仁见智"之感——戊戌年慈禧之所以不经过任何审讯，匆忙杀掉"六君子"，背后即有恐公开审讯引出"外国干涉"的隐忧。慈禧对"合邦"一事很可能判断为光绪不惜借外力与其争权，故而在1899年有废黜光绪的计划；这一计划却又被外力所阻。次年，慈禧鼓动义和团驱逐洋人，与戊戌年的这条线索显然有密切联系。

但1899年，中日没有合邦，实乃莫大之幸事。

相关言论

赫德：戊戌政变的背后有俄国人

赫德在华多年，目光敏锐，认为维新的失败背后有俄国人的身影："此间的形势，一瞬间发生了变化……但是我担心的是亲俄派取得了胜利，是巴夫罗富对李鸿章被赶出衙门的报复！我们必须等候一两个星期，局势才会明朗。我担心改革在目前是没有希望了，但是以后一定还会再次实行改革，并且最终取得成功。"

班德瑞：康有为被李提摩太迷惑

英国驻上海总领事班德瑞（Baurne）在他与康有为谈话的备忘录中说："康有为……很显然的，他被爱好西法的热心所驱使，同时又被李提摩太的一些无稽之谈所迷惑……李提摩太是英国教会驻北京的办事人，他是个阴谋家，他大约向康有为和维新派作了一些愚蠢的建议。"

贾克凭：康有为只会背诵"政见"

英国驻华公使窦纳乐给英国外交大臣的信中，附上了康有为搭英国轮船逃往香港途中，和英国人贾克凭（Cockburn）谈话的备忘录。备忘录中说道："他（康有为）漫谈了一些盼望英美联盟保护中国，以及沙俄控制住中国广大人群以后对世界各国的威胁。但这不过是背诵他学得的广泛的政见而已。"

窦纳乐：变法被康有为的不智搞坏了

戊戌政变后，英国公使窦纳乐曾致电英国外交大臣，说道："认为这次政变是受外国影响而促成的，那是毫无根据的猜想。"这表明窦纳乐参与"合邦"之事是其个人的政治冒险，英国外交部并不知情。在致英国外交大臣的信中，窦氏还说道："我认为中国正当的变法，已大大被康有为和他朋友们的不智行为搞坏了。"

光绪：我不恨慈禧太后

光绪帝被囚瀛台之后，曾有不恨慈禧太后的言语，说："我确实有对不起太后的地方，她把我拿下来是应该的。"他也不恨荣禄，说："他是太后的人，他为太后办事，这也是对的。"独很恨袁世凯。光绪之"不恨太后"，是否有意识到重用伊藤博文与"合邦"的轻率在其中？

《字林西报》：公使们有权知道光绪生死

1899年，慈禧有意另立大阿哥取代光绪，引起各国公使的紧张。《字林西报》不断发布消息，暗指光绪帝已经被谋害，并暗讽各国使节有权知道真相："这些人都是被遣到中国皇帝的宫廷中充当代表的，而不是被派遣到一个窃居中国宫廷的僭篡摄政那里的。"

忠臣、能臣、庸臣、佞臣和
正人君子——明季士风

文/汗青

论明清易代之变局，无法不涉及明季的士风问题。

可明季士风又是个极为复杂和庞大的问题，除一般正史、野史之纪传外，尚涉及思想史和社会学等诸多领域，历年来已有许多名家专著及论文谈及。余才疏学浅，也无独到之见，即使论之也不过人云亦云，只是又颇羡古人所云之微言大义，故以陋见择其末端而记之，错讹之处难免，且权为大家茶余饭后之谈资罢。

说士风之前，先得说说"士"这个名词。

士，最早的本义是指成年男子，至周以后逐渐演变为高于庶民的低级贵族称谓，再以后又演变为对进入宦途的知识分子等阶层的称谓。如《礼记·曲礼》说"士"的含义时道"列国之大夫，入天子之国，曰某士"，到了《汉书·食货志》时才说"学以居位曰士"，在秦汉之后，"士"才逐渐扩大为对知识分子的统称。

由于"士"字的具体含义是逐渐演变的，是以到了近代，还因此出过小小的事故。

20世纪20年代，当时的教育总长章士钊先生谈论文言与白话之问题，在引晏婴"二桃杀三士"这一典故时，大约一时疏忽，将其解为"两个桃子杀了三个读书人"。此处"士"之原本含义，当是指高于庶民的低级贵族，而不是读书人，因为为了两个桃子死去的那三人，都是当时的勇士。

章老先生因此被鲁迅先生重重地劈面"打了一拳"讽刺道：

> 旧文化也实在太难解，古典也诚然太难记，而那两个旧桃子也未免太作怪：不但那时使三个读书人因此送命，到现在还使一个读书人因此出丑。（鲁迅：《华盖集续编·再来一次》）

说起来，这个错误确实比较低级，也难怪要被鲁迅抓住"痛殴"。不过章老先生的学问，我还是很景仰的，毕竟全知全能的人是不存在的，一个人精力有限，是以才有术有专攻这一说，而这小学又原本是项十分令人头大的科目，不好以此就彻底非议章老先生的学问和见识。当然，在论战的时候被人抓住破绽做了把柄，那也只好低头没话说。

逸闻说完，继续说"士"。

中国士人，历来重视士节。秦以前士人的理想规范有"为人当理不避难，临患忘利，遗生行义，视死如归""大者定天下，其次定一国"（《吕氏春秋·士节》）等，其中多以天下国家为己任，出则求为帝王师，相当地理想主义。

而那个时期的君主，也大多对士人表现出了颇多的尊重和容忍，是以孔子有所谓"君使臣以礼，臣事君以忠"；孟子则云：
"君之视臣如手足，则臣视君如腹心；君之视臣如犬马，则臣之视
君如路人；君之视臣如土芥，则臣之视君如寇仇。"可见当时的君
主和士人关系的社会准则，与后来有很大的不同。当时人认为君主
和士人之间，在某种程度上是一种互动关系，这种互动是靠相互尊
重来维系的，而《礼记·曲礼》中所说的"刑不上大夫"的思想和
规范，则是保障士人能秉持其理想并仗节执言的一个重要条件，也
是那个时期"士节"得以存在的重要基础之一。

　　到了唐宋时期，君主对士人也相对比较优容，君臣之间客礼相待
甚为普遍，即使是昏庸君主，也不至于苛暴太过，尤其有宋一代不杀
士大夫和上书人的祖训，以及之前因五代十国对学术、文化等各方面
的破坏，使得当时对思想文化和学术的尊崇格外地凸显出来，因此在
宋朝时，政治和思想学术这两方面互为表里又融会贯通，士人的自尊
和社会地位都由此达到了中国历史上一个相当的高度，其思想成就如
程朱理学等，更是从此贯穿于以后的中国政治史和思想史。

　　然而宋朝此种重文轻武风气，也在一定程度上使整个国家的武
备方面出现了相对比较疲软和积弱的状况，但这种状况又使得士人
们忧国忧民、以天下为己任的价值取向大行其道，一反魏晋玄学的
清谈和唐时争道统、排释教之风气，如范仲淹的"先天下忧而忧，
后天下乐而乐"，张载的"为天地立心、为生民请命、为往圣继绝
学、为万世开太平"及其"民吾同胞，物吾与也"的民胞物与心
怀，便均是宋朝士人因国家积弱而起的忧思和理想。

　　到了明代，其开国皇帝朱元璋是中国史上比较罕见的一位农民
出身的皇帝，他从根本上对整个士人阶层的轻视与暴虐，也一样是

罕见的，并且他的这种个人态度还被制度化后长期保留了下来。这种长期而持续地骨子里对士人轻视并施以暴虐的态度，不能不说对明代士风的转变产生了相当的影响。

而明代中后期正德朝的"谏南游"、嘉靖朝的"议大礼"及万历朝的"争国本"等事件，除了都是皇帝和大臣对峙以外，在其他如政治风气等方面看来似乎并没有太多的直接关联，均是些关于财政开支、礼仪及宗法制度的争执，表面结果也是两位皇上几十年不理政务，国家机器的运转效率严重受损等。

但实际上，它们产生的后果并不那么简单，这些事件之间都有着相当紧密的内在关联，而其后果之严重，也不仅仅是几位皇上几十年不理政务而已。

明朝中期，正是政治体制大变革以及掌握国家机器运转的大批官僚知识分子意识形态发生一系列改变的时期，这一系列事件，则多多少少是士节、士风转变的触发点之一。其后在其他各种合力的作用下，整个士人官僚群体乃至整个国家的总体思潮都有了巨大的转变。正是这种肉眼看不见的思想转变，在后来较大地影响了明王朝的兴衰。

可以说，明中叶和明季士风的大幅度转变，也是崇祯十七年结局的重要发端之一。

政制的转变与士风、党争

明季士风之转变，从表层看，首先和明朝政体变换有着直接的因果关系。

明初政体，大体沿汉、唐旧制，但内阁权位并不重，甚至可以说有位无权，只显尊崇而已。朱元璋开国之后，于洪武十三年（1380年）罢宰相之职，分权与六部尚书，以尚书任天下事，而侍郎副之，又以言官如御史等职制衡之，殿阁大学士不过顾问而已。当时，皇帝独操天下之威柄，大学士鲜有参决政事，其纠劾由都察院负责，章奏则付与通政司，平反则有大理寺，此即汉九卿之遗意。军队则分五大都督府，而征调之事归兵部，外设都、布、按三司，分管兵刑钱谷，其官员考核则属府部，故明朝前期以吏、户、兵三部的职权最重。

然而自杨士奇开始，到嘉靖朝的严嵩当政后，内阁大学士的权位日重，最终又统六部尚书于其下，首辅大学士几可视为真宰相，唯首辅之下尚有数位大学士，略与分权而已。

至此，明季士风与政体的关系开始体现出来，党争也因此大兴。往者谈及中国思想史，大多注意于思想历程之转变；论党争者，则多留意于利害关系等；言政体者，专注于制度及职官变迁。可实际上，这几个问题之间有着极紧密的联系，不能将其割裂独立看待，盖因任何思潮都和当时的历史大背景有着密不可分的互动关系。

明朝的内阁制度以及票拟制度，虽然可以让内阁大学士代皇帝票拟意旨，但却尚需内监批红以确认。由此内阁之权越重则内监之权亦日重，往往内阁大学士需与内监相勾连方能顺利办事，故而朝纲日坏。到刘瑾得宠时，则彻底演变为内阁亦不得不听其命，满朝事体全取决于内监之手，其时民间谓正德为"坐皇帝"，刘瑾是

"站皇帝""立皇帝"。之所以会这样，据《明史·职官志》说，就是因"内阁之拟票，不得不决于内监之批红，而相权转归之寺人。于是朝廷之纪纲，贤士大夫之进退，悉颠倒于其手"。《明史·阉党传》则进而道："刘瑾窃权，焦芳以阁臣首与之比，于是列卿争先献媚，而司礼之权居内阁上。"正是由于在刘瑾当政时期明朝政体出现了这种巨大的变化，故学界对刘瑾其人的关注，也一直都高于之前的王振和之后的魏忠贤。

内阁权重导致了内监权重，而原本可以相互制衡的六部又听命于两者之下，政治一旦缺失了制度的制衡，那就只能寄希望于主事者的个人品格和能力，以此来决定其处事是否公正、决策是否得当。这种完全依赖个人能力和品格、缺失制度制衡的政体，自然无法保持公正和利益均衡的一贯性，而首当其冲的问题便是朝中大小官吏的任命及政绩考核。

可用来为此做注脚的是，在万历朝的前十年间，由于有位个人能力极强又十分强悍的首辅，也就是在中国史上都是极其出色的政治家张居正，所以其间矛盾虽然不少，但均被张居正压制下去。因其个人能力极强，又与太监冯保联手，同时还得到了后宫的支持，是以单论政绩，张居正执政时期的国势是非常不错的，可说是明朝继洪武、永乐之后又一个极为富强的时期，称之为中兴并不为过，甚至可以说相当强盛。

但张居正在位期间，这个关键的政体问题并没有得到妥善解决，那些因此而起的弊端基本都被他极为出色的个人能力暂时压制并积累了起来。

在他去世后，他的继任者基本都是些平庸之辈，于是，问题出现了。

在缺少了像张居正这样一位有着极强个人能力的执政者后，之前因政体转变而产生的官吏任命和考察等一系列积累下来的弊端，马上开始显现出来，很快就引发了万历朝的"癸巳京察（京察，即京官考察，为明代官吏考核制度之一。明代考核文官有京察和外察两种，外察即考核地方官吏）""辛亥京察""丁巳京察"等数起大纷争。

这些纷争导致的直接结果，就是朝中门户党派之争大兴，纲纪朝风日益败坏。其门户当时有以人名称的顾（天胤）党、李（腾芳）党，有以地域划分的秦党、南党、昆党、宣党，有万历四十年之后大盛的齐党、楚党、浙党等，而在明季政局中鼎鼎大名的东林党，也是因"癸巳京察"之纷争而兴起的。

有明一代最惨烈的党争，自此发端，且愈演愈烈，朝野风气从此大变。所谓明之亡亡于神宗，如果从另一角度阐释，也可以说是起自神宗朝的党争，在很大程度上导致了明朝的灭亡。

万历二十一年（1593年）的"癸巳京察"，是由吏部尚书孙鑨、左都御史李世达、考功司郎中赵南星负责的。

按照明旧制，吏部之权特重，居于六部之首，它负责官员的选授、封勋、考课，而内阁大臣则至多领尚书衔兼殿阁大学士，但不领铨选。然而自张居正开始，吏部开始听命于内阁首辅，在张居正死后，经过宋𤩽、陆光祖两代吏部尚书的努力，终于又夺回了权力，得以继续与内阁首辅相抗衡，哪怕是在礼仪上也再次回到了平起平坐的时代，譬如道路相遇无须避让等。唯一没有夺回来的权力，是在京察时官员的去留问题上，吏部还是要先告知阁臣，才能上奏皇帝。

孙鑨上任后，一方面试图夺回原属吏部现在落入内阁的权力，另一方面为了澄清吏治，在顾宪成等人的协助下，和李世达、赵南星一起，不徇私情地罢免了一大批冗官、贪吏，其中有他们自己的亲戚，也有各级官僚的门生和亲属，并且不经内阁，将处理结果直接上奏皇帝。

如果只是处罚官员也还罢了，这多少还有点转圜的余地。但他们想夺回原本属于吏部的权力，越过内阁直接上疏皇帝，这就触及了当时内阁势力的立足根本，是以他们直接得罪了以首辅王锡爵为代表的内阁势力。

经过数个来回的较量，这次斗争的最后结果，是以首辅王锡爵为代表的内阁势力大胜。孙鑨被停俸，赵南星被革职为民，不少为赵南星叫屈的官吏也受到谪谴，如高攀龙、顾宪成，另外受牵连的还有李世达、赵用贤、陈泰来、顾允成、于孔兼等不少朝臣。次年，顾宪成终于也被逐出朝廷，遂于家乡起东林书院。东林党因此而起。

"癸巳京察"不但引发了朝中的门户之争，也是东林党兴起之发端，这一事件对万历朝及以后的明朝政治格局，有着极其深远的影响。而"癸巳京察"中的主力干将赵南星等人，日后也基本都成了东林党的骨干力量。

万历三十九年（1611年）的"辛亥京察"，北京的主持者大都是东林党人，所以齐、楚、浙诸党遭到了他们的打击。但南直隶的京察却为后来的齐、浙、楚三党中人所把持，故在南京的东林党人受到了排斥。正是因这次"辛亥京察"南北两直隶的形势不同，科道言官中又形成了依籍贯划分的齐、楚、浙三党。

万历四十五年（1617年）的"丁巳京察"，齐、浙、楚三党势力大盛，由楚党的吏部尚书郑继之、浙党的刑部尚书李志和考功郎中赵士谔主持，因此东林党人在此次京察中几乎被驱逐殆尽。

其实党争并不只是在京察中存在，考核地方官吏的外察中，也同样严重，只不过因地方官员不如在首都的官员那么集中，朋党关系没有那么复杂，所以影响没有京察大而明显。

通过这几次的京察斗争，朝臣们的党派归属也一步步地开始明确和巩固起来，党争之风日盛，这几乎使得朝中大臣都卷入了党争，大有不依附于一党一人，在朝中就无法立足之势。在《明史·赵用贤传》中，对万历朝帝党争之起有如许言说：

> 自是朋党论益炽。（吴）中行、（赵）用贤、（李）植、（江）东之创于前，（邹）元标、（赵）南星、（顾）宪成、（高）攀龙继之。言事者益裁量执政，执政日与枝拄，水火薄射，讫于明亡云。

这以后，东林党人一直到天启朝才再次获得朝政大权，但他们却和对方一样，不但不以国事为重，反将党同伐异的行动进一步加大，以至朝野党争进入了白热化阶段。

天启三年（1623年）的"癸亥京察"，又轮到东林骁将赵南星来主持。他趁机对齐、浙、楚诸党进行了大规模的清洗，导致此三党人物为了自保，不得不联合起来并依附于魏忠贤门下，终于形成了之后以魏忠贤为首，齐、浙、楚三党之大部为辅的明季阉党，自此开始了魏忠贤阉党与东林党人之间的血腥政治斗争。

　　针对天启三年这次京察中东林党人的报复行为，前辈学人谢国桢先生曾道，"天启三年的京察，赵南星未免做的太辣，但魏忠贤的残戮，又未免太毒了"（谢国桢：《明清之际党社运动考》），等于双方各打五十大板，余以为谢老斯言甚为是。

　　如果说党争开始只是纯粹的政见和价值观分歧的话，那么到后来则彻底沦为全然不顾天下国家的意气之争、利益之争、帮派和个人恩怨之报复，无论是东林党还是齐浙楚三党，这一点都莫不如此，其间没什么区别。此种情形一直保持到明亡，甚至明亡之后还在继续，直到清康熙年间才被基本消灭。

　　需要重点指出的是，东林党人对万历朝之后士人和官场风气之败坏，需要承担相当的责任，即使不是全部，也在一半以上。我的这种指责，就是基于因东林党人而起的这一系列京察事件（虽然万历二十一年癸巳京察时尚未有明确的东林名号，但其中主持人正是因此于二十二年起了东林，癸巳京察的骨干几乎就是东林骨干，以后的几起京察大纷争又多由东林党人出手而起，故有此说）。

　　因为明代官吏的大计——也就是京察和外察，在万历帝之前是件极为严肃的事情。虽然其考核过程并不是非常之严格和规范，但无论清官、冗官、贪官，都莫不视被考核察典点名批评为终身洗之不去的人格及政治污点。这在当时政治和风评上都是极严重的问题，所以人人凛然，廉耻之心常在。因此它既是一种他律，也让官员们因此而自律。

　　然而从"癸巳京察"起，到"辛亥京察"和"丁巳京察"之后，在大计中被点名弹劾者，几乎人人都知道是因党争而致，与被弹劾及被计官吏的品格和政绩几乎再没有什么关系，所以实际上京察和外察已全然失去了正常的评判标准职能，彻底沦为一件党争工具，甚至可说是成了党争的代名词。士大夫官僚们也因此彻底失去了对大计的那份尊崇，再也不把大计当一回事。其凛然及廉耻之心自然也荡然无存，故而吏风日坏。

在《明史·选举志》中，对万历朝党争及"辛亥京察""丁巳京察"所产生的严重后果这样说道：

> 弘、正、嘉、隆间，士大夫廉耻自重，以挂察典为终身之玷。至万历时，阁臣有所徇庇，间留一二以挠察典，而群臣水火之争，莫甚于辛亥、丁巳，事具各传中。党局既成，互相报复，至国亡乃已。

在这个问题上，无论东林党人当初的主观动机如何，后来对峙双方的格局又如何，可最终导致的客观结果是彻底败坏了弘、正、嘉、隆数朝士大夫廉耻自重，以挂察典为终身之玷之风气，破坏了这种由他律进而使官员自律的环境。我认为引发和加剧这种状况的东林党人，无论如何都是难辞其咎的。

另外，如《明史》所言，这些纷争除了引发党争，还使朝中"言事者益裁量执政，执政日与枝拄"，一向负有纠察风气、弹劾官吏之责的御史和六科给事中等言官们时时抨击政府，与以内阁、内监为代表的执政方势同水火，在政治上形成了极为清晰的对立格局，"初，言路为（张）居正所抑，至是争砺锋锐，搏击当路……自是言官与政府日相水火矣"（《明通鉴》）。而吏、户、兵等府部势力则时而自成一派，时而摇摆不定，因时因利因人而定，为两者之间一股时明时暗的势力。

不过这种言官裁量执政，与政府日与枝拄的局面，虽然不排除有意气相争不顾大局的时候，但也使明代言官在大多情况下，尤其是中叶和晚明初期，得以秉持了难能可贵的士人气节。而言官清议也基本代表了当时的社会舆论和民意，有相当数量的言官不畏生死仗义执言，乃至以身殉道，如历经万历、光宗、天启数朝，在天启时被魏忠贤迫害惨死的御史左光斗、杨涟等人，便是其代表人物。

正因为相当部分言官清议在某种程度上代表了一定的民意和社会舆论，并且敢于仗节执言的言官们又往往有着相当良好的个人品格和素养，因此普遍为民间所推崇，其清望也日益高涨，到了最后，言官和清议又反过来开始影响官吏甚至内阁大学士的任命。如崇祯朝的周延儒，就是被当时有"小东林"之称的"复社"在野势力推上了首辅之位；崇祯四年（1631年）明军兵败辽东大凌河，后来的兵部尚书陈新甲时任宁前兵备佥事，因此被坐削籍，巡抚方一藻、监视太监马云程惜其才，上书请留，朝廷以为可，然而陈新甲却道，"臣蒙使过之恩，由监视疏下，此心未白，清议随之，不敢受"（《明史》）。凡此等皆可体现当时言官清议之威力。

只是言官中一样会有趋炎附势及无耻之辈，因此言官清议虽大体为持节之论，也未必全都是好的；又清议之力既然日盛，自免不了有利害，有利害就有党派，有党派也就开始了党争，于是言官清议最终不免还是变了味道。

思想演变和士风之变

就在政治体制转换的同时，明代士人思潮及士风，也在复杂而动荡不安的政治大背景下，开始了自己的转变之旅。

明代士人之思想，起始秉承的是程朱理学。明成祖亲自作序颁布的三部理学大全——《五经大全》《四书大全》《性理大全》，实为程朱学派的论著汇总，程朱理学自此一统天下而成为明朝的国学，顾炎武在《日知录》中论当时情形为"家孔孟而户程朱"，"八股行而古学弃，《大全》出而经学亡"。

由于宋明理学都片面强调所谓的"去人欲、存天理"之纯粹的伦理道德，虽然有其积极的一面，但也使得一些士大夫对节操和伦理道德的追求几近于偏执，这种极端思潮对整个社会亦产生了相当的负面影响。

因为对伦理思想的极端化和绝对化，所以"去人欲、存天理"这种政治伦理思想直接取代了社会经济思想，它要求人们禁绝自己的"私欲"，声色犬马固然不可以，"慕富贵""尤贫贱"也必须去掉，以求富贵为耻为道德品格的低下。尤其在嘉靖、隆庆以后，"禁欲存理"之论日益高涨，这显然是提高工商业发展和社会生产力的极大阻碍。

明继程朱理学后，伦理道德的绝对化和权威化对人性和思想的桎梏也是显而易见的。相当部分士人因为此种对伦理和个人道德等方面的极端追求，行为近于"偏执"，同时将纯粹的伦理道理政治化，完全取代了政治理念和主张，甚至到了叫人目瞪口呆、匪夷所思的地步。他们可以为了维护某种信念和节操，前赴后继、持之以恒、数十年地争执一件没有任何实际意义，或者连他们自己也不知道结果是好是坏的事。

如嘉靖朝"大礼议"事件，满朝的大臣居然非要逼着皇上认伯父、伯母为父母，不得以自己的父母为父母，实在是有些滑天下之大稽。而当有人想出了两边都不得罪的折中方案时，这些近乎"偏执"的士大夫们，更准备设计将其在皇宫内群殴打死了事。万历朝的要求福王"之封国"事件，其中的福王有否去自己封国，和朝政关系不大，亦纯属宗法伦理和祖制要求，是没有任何实际意义的事。像此等皇帝和大臣仅因礼仪或伦理等事意见相左，对峙数年乃至数十年不决，以至朝政荒废、纲纪沦丧者，为中国历史所仅见。

尽管多数朝臣的这种不怕罢官、不畏生死与皇帝对峙的骨气颇为可嘉，但他们的所作所为，却体现出了一种非常不足取的对道德的偏执。更有部分朝士孜孜以他们所谓的"道理"为大道，以求个人名节为重，为显一己名节之私而全然不顾大体，什么国计民生一概弃之脑后，实实在在地上演了一场叫人哭笑不得的闹剧。

因此承认士人群体对伦理道德执著大体是纯粹的同时，我们也必须看到，在这种"偏执"的背后，时常也有些不那么纯粹并相当功利的人和事存在，尽管它们往往被冠以道德和正义之名。

嘉靖朝的"大礼议"或者叫"议大礼"事件，在这些问题上就是个面面俱到的典型案例，而其事情本身又很有意思，因此值得细谈一番。

嘉靖朝"大礼议"中的皇帝和臣子们

明正德十六年（1521年）三月十四日丙寅，明武宗正德皇帝因溺水得病身亡，首件大事当然是继承大统的人选。因此谷大用、张永到内阁通报，并说奉皇太后命，要讨论后继者为谁的问题。

内阁首辅杨廷和高举《皇明祖训》示之曰："兄终弟及，谁能渎焉！兴献王长子，宪宗之孙，孝宗之从子，大行皇帝之从弟，序当立。"而梁储、蒋冕、毛纪等内阁成员也都一致赞成这一议案，太监们将此意见入启皇太后，不多久，太监奉遗诏和太后懿旨，出来宣谕群臣，继位之事一如杨廷和所请。

于是刚刚才继承了兴献王藩位的朱厚熜，自其守孝处进京入继大统。这位兴献王朱厚熜的父亲，与正德皇帝的父亲明孝宗弘治皇帝是兄弟。

四月，朱厚熜抵达京师附近，却被内阁杨廷和等人派来的官员挡驾，告知他要自东安门入宫，居文华殿。这种走法和安排，乃是即皇太子之位的路线，不是即皇帝位的路线。

别看朱厚熜年纪小，才十五岁，但他是嫡系宗室，受的教育应该是相当不错的，而且显然还很聪明，当下他严词拒绝道，"遗诏以我嗣皇帝位，非皇子也"，又以正德遗诏中"兄终弟及"等语为据，乃自定由大明门入奉天殿，然后即皇帝位，年号嘉靖。

这第一回合，小嘉靖的表现无论从哪一面看，都极其有理有节，胜得非常之漂亮。而且从后来的发展看，这是相当重要的一步，所谓名正言顺，他既然没做过武宗正德皇帝的太子，当然也就不用去认武宗做父亲了。

而那位杨廷和，乃是正德朝的资深内阁，他在正德死后独力秉政四十余日，并设计除去江彬等人，史称其"有经济之远略也。至其诛大奸，决大策，扶危定倾，功在社稷，即周勃、韩琦殆无以过"，以其为代表的内阁势力此时也顺理成章地日益壮大起来。

而嘉靖这年不过才十五岁，杨廷和等人大约是想给他来个下马威，于是要嘉靖先走即皇子位的路线，再行登基礼。平心而论，此要求实属无礼之至，因正德的遗诏中非常明确地说"伦序当立"，"遵奉《祖训》，兄终弟及"，而历史上皇帝无嗣，按长幼亲疏顺序排出来的某王继位的事例多的是，并不是非要先做了皇子才能做皇帝的，何以嘉靖就得先做皇子才能即位？更具有讽刺意味的是，这封遗诏当初还是由杨廷和本人手书的。

杨廷和等人没想到小嘉靖那么厉害有主张，居然完全不听自己的，于是立即开始了第二回合的行动。

在嘉靖即位后的第六天，杨廷和授意礼部尚书毛澄等人上书，翻出汉定陶王、宋濮王的案例道，嘉靖必须尊伯父孝宗为父亲，称"皇考"，对生父只能称叔父——"皇叔考兴献大王"，母亲为叔母——"皇叔母兴献王妃"，对亲生父母自称"侄皇帝"，并声称朝臣如胆敢对此有异议者，即为奸邪，当斩。

其他不说，只这"奸邪""当斩"两词，杨廷和权势熏天之形已然灼灼可见。

在正德遗诏中明确说了嘉靖是"伦序当立""兄终弟及"之语后，杨廷和等人还依然强要嘉靖改宗，这种匪夷所思的"礼仪"，显然不可能为嘉靖所接受，他当即大怒道："父母可更易若是耶！"

由于内阁势力的强大，嘉靖在此问题上无法独断专行，双方数个来回都没分出胜负，一直僵持到七月，事情才开始有了转机：在礼部观政的进士张璁，对杨廷和、毛澄等人的意见提出了异议。

张璁，字秉用，永嘉人，正德十六年进士，其人学识过人，尤精于"三礼"。他正是倚仗自己所长，对杨廷和等人的论点发出了一记近乎致命的打击。

张璁首先指出，汉哀帝、宋英宗虽然是定陶王、濮王之子，但却都是早被汉成帝和宋仁宗"预立为嗣，养之宫中"的，他们本就是因继嗣为人子之后才有了登基的途径。换句话说，他们就是为了做皇帝而先被过继做了太子的，名分早在登基之前就变了，因此杨廷和等人所谓的"为人后者为之子"对他们来说，是当然的。

但是正德驾崩指定由嘉靖继位，在遗诏中却丝毫没有要嘉靖为本宗继嗣之意："大臣遵祖训，以陛下伦序当立而迎立之。遗诏直曰'兴献王长子'，未尝著为人后之义。"

因此，张璁认为嘉靖以兄终弟及而即位，与汉哀帝、宋英宗两人因先继嗣而后登基的案例，性质完全不一样，所以嘉靖应该"继统不继嗣，请尊崇所生"。

接着他又从礼制上指出了大臣们犯的错误。如《礼》有明文，为人长子者不得为他人后，嘉靖乃兴献王独子，如为他人之后，则为自绝其宗，大违礼制；嘉靖生母健在，按《礼》义则子无臣母，如依杨廷和、毛澄等人的意见，则生母变为叔母，母子关系也将一变为君臣关系，此又属违制之举；等等。所以他建议嘉靖在京城建兴王庙，迎养生母，以全尊父养母的大孝。

可以想见嘉靖看到这份奏章后，当然会极其兴奋。他大喜道：
"此论出，吾父子获全矣！"于是立刻将张璁的疏章交内阁票拟，
要阁臣们重新讨论追尊自己父母之礼。

杨廷和等人见到这份疏奏后，顿时全都傻了眼。他们心里都很
清楚，他们谁也没这个能力与张璁去当廷论衡，于是只好一面回避
与其正面交锋，一面唆使言官们上表弹劾张璁。但这个时候嘉靖母
亲兴献王妃蒋氏却正好抵达通州，她听说了这次廷议的内容后，知
道不但自己做不了皇太后，连做了皇帝的儿子都要丢了，一怒之下
遂停驾通州不进。

嘉靖十分机灵，立刻借机发作，声称与其如此，还不如归藩去
侍奉母亲，大有一副准备不做这个皇帝的架势。

这一着顿时让杨廷和等人陷入了进退两难的境地。而张璁此刻
却再次发难，凭借自己对礼制的熟悉写了《大礼或问》，其中详论
礼制之尊崇和继统、继嗣等事，不少大臣看过后颇为其精熟的学问
和道理所折服，如礼部侍郎王瓒就开始明确表示支持张璁之论，并
为其在朝中大力宣扬。

杨廷和发现了此种情况，随后他又知道张璁准备将《大礼或
问》上呈嘉靖，当下十分紧张，遂使出怀柔手段，命翰林修撰杨维
聪等人去劝诱张璁，试图阻止其奏议。

不幸的是张璁没那么傻，他当然知道杨廷和的打算，丝毫不为
所动。果然，嘉靖见到《大礼或问》后，立刻又将此章发去礼部讨
论。杨廷和知道大势已去，自己已无能完全阻止嘉靖，只得以退为
进，抢先声称奉弘治皇帝张皇后的懿旨票拟礼部，以兴献王为兴献
帝，兴献王妃为兴国太后，祖母邵贵妃为皇太后。

看起来嘉靖好像是胜利了。其实不然，因为杨廷和在这个步骤中留了个尾巴。

他只说了是奉皇太后的懿旨，即是表示内阁和廷议还没有认可这个意见，这便是为日后再起风波张了本。同时杨廷和又利用职权，命吏部将张璁外放南京任事，免得他再帮着嘉靖和自己过不去。

嘉靖元年（1522年）正月，杨廷和与给事中邓继曾、朱鸣阳等人，借清宁宫后殿发生火灾而再起风波，挟天意之名，引五行五事为废礼之证，发动廷臣百余人上疏，最终迫使嘉靖母子接受了认孝宗弘治皇帝为父，称"皇考"，兴献帝和兴献后不加"皇"字，在称谓前加"本生"二字，称"本生父母"以示区别的方案。在此期间，杨廷和先后封还"御批者四，执奏几三十疏"。

也许有人会说，不就是个称呼而已，又没什么实质后果，至于那么严重吗？

我说，后果确实很严重。由称谓改变而导致的一系列后果，对嘉靖母子这对孤儿寡母来说，尤其严重。

如在嘉靖元年十一月十八日去世的嘉靖祖母邵氏，经此一变，立刻由原本的嫡祖母降格为庶祖母，去世后不能享受正牌皇太后的待遇，规格要减半，诸如只能哭灵一天，孝服穿十三天就得除去，不可以诏告天下等。

这也就罢了，更大的问题在于，通常皇帝的生母、祖母，哪怕不是正宫，一旦其子孙当了皇帝，母以子贵，多得以附葬皇陵，甚至已经下葬的再挖出来改葬去皇陵的都有。可嘉靖这一改宗认父，却使得自己祖母能否附葬于祖父明宪宗的茂陵，都成了大问题。

果然，在这一问题上嘉靖一家遭到了杨廷和等人的阻挠。

但嘉靖在对至亲尽孝这一节上的坚持，还是很强硬的。他祖母邵氏晚年得了眼疾不能视物，在得知嘉靖做了皇帝之后，曾拉着他从头到脚摸了好半天，十分高兴，若是按照杨廷和等人的意见，这老太太可就是白高兴一场了。

嘉靖哪里能咽得下这口气，当下他不顾大臣和廷议的反对，坚持将祖母附葬茂陵，并且自己穿足了二十七天的孝服，于服除以后才临朝，而且还坚持在原来自己兴国封地安陆的祠庙中，使用了和太庙一样的庙乐，坚决不降低等级。

这些，确实不可以去指责嘉靖独断专行和蛮横。一来这虽然说皇帝事就是国家事，但也毕竟还是皇帝家的私人事务，和对先皇的称呼这种问题不太一样，并不涉及其他问题，因此不好过多干预；二来要知道正德和嘉靖，同为宪宗的孙子，正德的父亲明孝宗弘治皇帝，和嘉靖父亲兴献王是同父异母兄弟。

当年明孝宗弘治的生母孝穆皇后纪氏，是广西少数民族土官的女儿，于成化年间明军南征时被俘入宫中，任女史时被宪宗私幸，后来生下了孝宗。

兴献王母亲邵氏，是被杭州的镇守太监送进宫，在宪宗召幸后，册立为宸妃，进贵妃，育有兴献王朱祐杬以及岐、雍二王。所以那纪氏乃是"私幸"的女史，而邵氏则是"召幸"的后宫，要说身份合法和手续齐全，显然邵氏还比纪氏强点。

而宪宗的正宫皇后孝贞纯皇后王氏无子，所以严格说起来，孝宗和兴献王这两脉都不是嫡出，都是正牌的庶出小宗。孝宗是皇长子而不是嫡子，这和万历时期的"争国本"的主角朱常洛身份一样，是比较容易受到威胁的。

孝宗生母纪氏死后，谥号为"恭恪庄僖淑妃"，先葬于京西金山，直到孝宗即位后，才被追谥为"孝穆慈慧恭恪庄僖崇天承圣皇太后"，迁葬到了茂陵。大家都是一样的皇帝，孝宗可以把死去埋葬了的母亲挖出来迁葬茂陵，现任皇帝嘉靖要将刚去世的祖母附葬茂陵，却遭到了大臣们的干涉和反对，此等做法得无太过乎？

杨廷和等人，为了维护其孝宗——武宗大宗体系之延续，一再坚持所谓的"废小宗，昭穆不乱。废大宗，昭穆乱矣。先王所以重大宗也。岂得不废小宗以继大宗乎？""为大宗立后者，重其统也。重其统不可绝，乃为之立后。至于小宗不为之后者，统可以绝，则嗣可以不继也"等强词夺理之意见，可从以上论及的体系延续来看，所谓的孝宗——武宗的大宗体系，实际上本就是不大立得住脚的。内阁和朝臣势力因此强迫嘉靖改宗认父，要他自绝其父一宗，自贬尚在世的生母、祖母，去继孝宗——武宗一脉的宗祧，实为无由之谈，不免欺人太甚。

平心而论，嘉靖的这些行动，无论于礼制、于人伦、于情理，都十分有理有节。而且嘉靖其时尚只得十五六岁的半大年纪，就知道如此一力维护自家父母至亲，与满朝资深政客对峙并获得了这样的结果，实属难能可贵，也确实难为了他。

嘉靖二年（1523年）十一月，身在南京刑部的张璁于理论上的准备已足，同时也取得了朝中部分中下层官吏的支持，如霍韬、方献夫、熊浃、黄宗明、黄绾等人，还有个别高级官吏，如前朝老臣杨一清及湖广巡抚席书。遂先由他在南京刑部结识的盟友桂萼领先向内阁发难，再次要求议大礼，坚持其"继统而不继嗣"的主张。

嘉靖对此当然求之不得，立刻要求群臣讨论此事。杨廷和心知这回定然此事无善了，且两年前就无人能应对张璁的诘难，此次也同样无法对付，他又不可能阻止嘉靖重议这事，于是干脆上书乞休，嘉靖倒也没有去难为他，指责了几句"因辞归咎，非大臣道"这样的场面话后，依旧赐给他玺书，并"给舆廪邮护如例，申前廕子锦衣卫指挥使之命"，让他致仕去了。

但是，杨廷和虽去，其朝中势力却依然照旧，内阁蒋冕、毛纪，礼部尚书汪俊等人坚持"继嗣"主张。嘉靖三年（1524年）二月，汪俊等集七十三人继续上书对抗嘉靖，声称"八十余疏二百五十余人，皆如臣等议"。

嘉靖帝为对抗群臣，下令召桂萼、张璁、席书进京，准备当面辩论，廷议"大礼"。

汪俊等人心知张璁、桂萼一到，当面廷议只怕无人能敌，于是再次以退为进，急忙召集群臣于内阁商议，最后提出嘉靖父母称号中加一个"皇"字，称兴献帝为"本生皇考恭穆献皇帝"，兴国太后为"本生圣母章圣皇太后"，同时胡瓒等人以结果已出为由，请下诏令桂萼、张璁等人不必再进京。

四月，已经抵达凤阳的张璁等接诏，但对此主张很不以为然，并不为之惑，他再次上书，提出"孝不在皇不皇，惟在考不考"，提醒嘉靖不要上当，"礼官惧臣等面质，故先为此术，求遂其私。若不亟去本生之称，天下后世终以陛下为孝宗之子，堕礼官欺蔽中矣"，要嘉靖坚持要去掉那"本生"二字。

嘉靖接书后顿时醒悟。

五月，张璁、桂萼奉召抵达北京。

内阁的继嗣派见不能阻止张璁等人入京面质，又不敢和他们当面辩论，于是开始使出了最后的绝招：如果从政治上不能消灭对手，那么就从肉体上消灭，最好是从政治和肉体两方面同时彻底消灭张璁、桂萼。

一劳永逸、永绝后患。

正义、道德，自古多少罪恶假汝之名而行，中国士人于此道一向都很精通，往往一旦在学术上无法取胜，就会转而考虑从肉体上去消灭对手，是以中国历史上的庙堂学术之争，几乎到最后都是以血淋淋的肉体消灭而终结。关于这招，历史上比较经典的案例，是当年墨子和公输般之间的一场斗争。

楚王得到了公输般的帮助，设计出了很多攻城器械，于是准备藉此攻打宋地。墨子知道后就去了楚王那里，在楚王面前解带为城、以牒为械，公输般九设攻城之机变，被墨子九却之，最后公输般计穷而墨子还尚未出全力。

过了一会儿，公输般缓缓地道："我知道怎么胜你，但是我不说。"

墨子也慢条斯理地回答道："我知道你想怎么胜我，但我也不说。"

这下轮到楚王纳闷了："你们俩做啥？和我躲猫猫，让我猜谜语啊？"

墨子道："公输大师的意思是只要杀了我，就可以去打下宋地。不过可惜的是我的弟子禽滑厘早已带了三百人去那里，并且准备好了我设计的器械，所以现在即使杀了我也没用了。"

于是楚王只好"善哉、善哉"了一番，攻宋一事就此不了了之。

如果不是墨子先留了禽滑厘这后手，恐怕那天他走不出楚王宫。

而现在的内阁继嗣派，也准备使出公输般这最后的一招了：我杀了你，就胜了你。

于是，张璁、桂萼二人刚到京师，"众汹汹，欲扑杀之。萼惧，不敢出。璁阅数日始朝"。

而后言官给事中张翀等三十余人又连章上奏道："（张璁、桂萼）两人赋性奸邪，立心憸佞，变乱宗庙，离间宫闱，诋毁诏书，中伤善类。望亟出之，为人臣不忠之戒。"当时礼部尚书汪俊已因议"大礼"与建庙事和嘉靖争执太过而去职，嘉靖令张璁派的席书接任此位，而席书尚未到任，给事中张汉卿就已开始弹劾席书赈荒不法。然后张翀将这些廷臣弹劾张璁、桂萼等人的章疏交与刑部尚书赵鉴，令其上奏，赵鉴一面貌似公正地请嘉靖将此事交由大理寺来勘察，一面私下与人道"得谕旨，便捶杀之"，打算一旦骗过嘉靖获得了同意调查的旨意，那么只要张、桂、席等人踏进大理寺，就直接毙杀他们。

谁知道这阴谋却被张璁等人侦知，遂即刻以此语上奏嘉靖。嘉靖"亦令对状。璁、萼乃复列欺罔十三事，力折廷臣"，于是嘉靖大怒，严责刑部尚书赵鉴等朋比为党陷害正人，张翀等人构陷不忠，干脆进张璁、桂萼为学士，顿时朝廷骇然，内阁势力一时为之夺气。

为了最后一搏，内阁又集合诸曹各具一疏，力陈继嗣之道，这次署名者达到了二百二十余人之多。

七月，嘉靖在左顺门召见群臣，宣布准备去掉生母章圣皇太后之尊号中的"本生"二字，群臣力争不可，结果双方再次不欢而散。

会朝罢，在出宫途中，杨廷和之子杨慎以"国家养士一百五十年，仗节死义，正在今日"为号，鼓动群臣；张翀等人又以"今日有不力争者，必共击之！"为威胁，裹二百三十余大臣跪伏左顺门外号啕大哭，更有人大声呼号"高皇帝、孝宗皇帝"。

嘉靖下旨要众人退去，众人不从，一直对峙到中午，终于爆发了前文中所说的左顺门廷杖大臣的"哭门"事件，酿成了嘉靖登基以来的首起大案。

在此案中先后共有一百八十余名大臣被杖责，御史王时柯、员外郎马理等十八人被打死，一百三十四人下狱。

九月，礼部尚书席书和张璁、桂萼、方献夫奉嘉靖诏，于阙右门与群臣开始论辩议大礼，最终结果以张璁派大胜而告终。《明史·席书传》载有席书对此事的报告曰：

> 臣书、臣璁、臣萼、臣献夫及文武诸臣皆议曰：世无二道，人无二本。孝宗皇帝伯也，宜称皇伯考。昭圣皇太后伯母也，宜称皇伯母。献皇帝父也，宜称皇考。章圣皇太后母也，宜称圣母。武宗乃称皇兄，庄肃皇后宜称皇嫂。尤愿陛下仰遵孝宗仁圣之德，念昭圣拥翊之功，孝敬益隆，始终无间，大伦大统两有归矣。

九月十五日，嘉靖诏告天下，称伯父孝宗为"皇伯考"，父亲兴献皇帝为"皇考"，母亲章圣皇太后为"圣母"，大礼终于议成，结束了这场长达三年多的"大礼议"。（《明世宗实录》《明史》《明伦大典》《张文忠公集》）

　　对这场纷争，后世者即使赞杨廷和一派之强项，也多不赞成杨廷和一派的主张，如清人就很不赞成他们哭门之类的过激行为，说"群臣至撼门恸哭，亦过激且戆矣"，并于《明史》中坚持继嗣一派的诸臣传记中评道：

　　　　"大礼"之议，杨廷和为之倡，举朝翕然同声，大抵
　　本宋司马光、程颐《濮园议》。然英宗长育宫中，名称素
　　定。而世宗奉诏嗣位，承武宗后，事势各殊。诸臣……争
　　之愈力，失之愈深，惜夫。

　　虽然，杨廷和、杨慎父子以及其余几位内阁大臣在正史中获得的评价都很高，如"蒋冕、毛纪、石珤，清忠鲠亮，皆卓然有古大臣风"等，但在个人品格上，其实未必个个都是私德无亏的，同时在"大礼议"中，动机也并不都那么纯粹。

　　杨廷和、杨慎父子就是一例。

　　杨慎，字用修，号升庵，江西庐陵人。父杨廷和于正德二年（1507年）入阁，后累迁至内阁首辅。杨慎于正德六年（1511年）举进士，在参加殿试前，当时的内阁首辅李东阳将考题预先给杨慎看了，所以在殿试时杨慎"所对独详"，列一甲第一，也就是状元。（王世贞：《弇山堂别集》）这件作弊案件，到日后

才渐渐泄露出来，和他同时代的李贽所写的《续藏书》和稍后的沈德符《万历野获编》中均道，京师百姓对杨慎有"面皮状元""关节状元"之称。

只是杨慎的才华还是相当好的，倒不是那种不学无术纯粹靠关节作弊拿功名的纨绔子弟，他在诗文、考据、学术方面都有相当的成就，可惜学风不大好，和他作弊拿状元一样，往往喜欢作假，颇为后人所诟病，尤其是像《石鼓文音释》这样的伪作，若非宗师们辨之，对学界的贻害是严重的。至于像《汉杂事秘辛》这一类伪作，当文学作品看看就是，倒也无甚大碍。

杨慎在"大礼议"中，是完全站在其父一边的。不过父子一起上阵，本没什么可指责的，但其父掀起的"大礼议"，实质上却不纯粹是礼仪和伦理道德问题，而是有不少政治利益掺杂在内，这就有问题了。且杨家父子在纷争中使用的一些手段，也不那么光明正大，包括继嗣派一些素有清名的主力大臣在内，几次要以正义道德之名陷害乃至企图谋杀张璁、桂萼两人，更是十分令人齿冷。

再反观张璁、桂萼，在此过程中却一直堂堂正正没什么私欲，大鸣大放无所畏惧，乃是真正的士人楷模。

不过此案中除杨廷和等几位内阁势力代表人物外，大多数士人是没什么政治和现实利益动机的，他们纯属因学术观点和理念不同，为了对士节的秉持而坚持自己的观点，为此他们与皇帝分庭抗礼不为之屈，乃至死也要抗争到底。先不去管他们观点的对错，只这种气节和勇气，确实很令人赞叹也值得尊敬。

他们这种近乎"偏执"的坚持，现在看来似乎有些可笑，但我们也必须要承认，正是这种对伦理道德的"偏执"，使得相当部分士人能为国为民不计个人得失，甘犯天颜仗义执言，甚至悍不畏死以身殉道，这确实在一定程度上维护了一个国家的纲纪伦常和政治清明。是以明前期至中叶的正德、嘉靖、隆庆及万历朝前期，虽然整个国家的政治日渐不堪，皇帝们也一蟹不如一蟹，可士风却与此形成了鲜明对比，总体上来说还是很不错的。如明前期和中叶与奸宦王振、刘瑾的斗争，正德时期的"谏南游"，明季初与魏忠贤阉党的斗争等，包括嘉靖时期的"大礼议"在内，无论面对的是奸佞还是皇帝，士大夫集体都表现出了知识分子应有的节操和各种可贵的信念，这多多少少给了老百姓们一丝希望，并在一定程度上修正了某些政治弊端。

皇权和阁权的政体之争

"大礼议"除了表现出士人群体之学术和价值观分歧之外，其本质上还是皇权和阁权的政体之争，也是传统程朱理学和新兴哲学思想代表阳明心学之间的纷争。

明朝自朱元璋废宰相以六部尚书治天下，皇权大盛，天下权柄独操皇帝一人之手，而内阁大学士逐渐复宰相之形，滥觞自英宗继位，太后有事先请内阁杨士奇等人咨议之时。无论如何，皇帝一人对六部章奏下判断的制度过于依赖皇帝的个人品格和能力，侥幸成分太甚。而明中叶前后逐渐成形的内阁制度，则是一套班子在提供决策，且内阁学士至少要人望、学识等各方面都有相当过人之处才能入选，虽然也有不怎么地的人，但一定是一步步考上来、在工作中锻炼上来的，无论如何总胜于把国家大事全寄希望于皇帝一人之圣明。

嘉靖朝"大礼议"之争，实质在一定程度上就是皇帝和内阁的斗争，而此时的六部和言官清议，则几乎清一色地站在了内阁一边，因此形成了皇帝一人独对内阁、朝臣和言官清议的局面，局面对皇权是相当不利的。

从制度上说，这应该是一件好事，虽然杨廷和等人在此事上并不占理。

杨廷和内阁当时曾连续四次封还嘉靖的上谕，嘉靖对此无可奈何，始终无法独断专行直接下令礼部执行他的意见。

当然，这与当时六部尚书及官吏唯内阁马首是瞻也有很大关系，倘若如后来万历二十一年（1593年）癸巳京察中的吏部尚书孙鑨一般，府部直接越过内阁与皇帝发生关系，杨廷和内阁很可能就无法与嘉靖对峙这么长时间。

要找几个想更上一层楼的府部官员出来帮皇帝说话还是很容易的，而内阁首辅却已是一人之下万人之上，除非谋逆，再也上无可上，就只余名节和权势了。因此一旦内阁实实在在地掌握了"票拟"大权，想要其让权而天下为公，就不那么容易，尤其是在臣强主幼的情况下。所以两朝老臣杨廷和与他一手拥立的十五岁小皇帝嘉靖之间的这场斗争，无论杨廷和出于什么目的，或想大展宏图，或想一逞人臣之极，凡此种种都足以让他与嘉靖去争夺对政务的决策权。

杨廷和迎立嘉靖之初，如果从为公视角看，大约是他鉴于前朝时外朝完全不能限制正德，因而希望通过登基和大礼议等手段给嘉靖造成一个既成事实，以内阁和外朝对皇权进行制约。尤其他在四十多天的独掌大权时期，不但清除了前朝的宦官势力，还废除了相当部分正德时期不合理的制度和设置，朝野评价之高一时无双。在此种情况下，他当然是非常不愿意看见再有一个像正德那样的昏庸皇帝来毁其大好形势的，因此无论于公于私，他都希望能对新皇帝进行制约，以免又出一个正德。

但是他一手扶立的小嘉靖，还没进北京，就给了他一闷棍，显得非常桀骜不驯，拒绝按照他和礼部规划的程序走。

这不能不让他感到恐慌：如果这个皇帝又和正德一样，刚愎自用胡作非为，那么当前大好形势将毁于一旦。因此他与小嘉靖开始了较量，而斗争的目的就是获取权力，内阁制约皇帝的权力。

我相信杨廷和的动机是好的，但他的才具不足却也是事实，并且就在这个时候充分地表现了出来。

杨廷和一手制定的登基程序遭到嘉靖帝的抵抗，应该说是出乎他意料的，因此他很可能没有多想，也没认真做准备，就顺势借机发作，带有很强随意性地选择了与嘉靖帝本身及其父母身份有关的这么一个极敏感、又非常伤害嘉靖个人感情的问题来发作。

在这个问题上，杨廷和显然产生了严重的判断错误，因为对嘉靖来说，自己的身份和父母的身份问题，他是一定会耿耿于怀的，也几乎不存在认输罢休的可能性。因此杨廷和显然选错了发作的事端，随后他又错误地使用了一系列政治手段，终于激起了朝中部分非内阁势力的言官们的强烈反感和反对，导致了这场斗争的最终胜利者是嘉靖，而杨廷和关于内阁权力架构的努力，则因此被彻底地瓦解了。

嘉靖在左顺门廷杖"哭门"大臣，标志着嘉靖帝和内阁势力的彻底决裂，并且明确表达了他要将内阁纳归于皇权之下的决心。

这同时也显示了在当时政治制度下，实际内阁和外朝对皇帝的制约是相当薄弱的。在此我们需要充分认识一个问题，虽然客观上嘉靖朝是内阁权势的发展时期，但这是由于嘉靖不热心政治而致力于礼制、修道，将日常事务交由内阁办理导致的，绝非是内阁对他的制约程度真的有多高，只要看张璁之后的内阁首辅如夏言之不得善终，权势大如严嵩父子也一样随时可以被杀、被逐，就可知道这是个残酷的事实。

总之，只要嘉靖对内阁有猜忌，那么内阁的大限就到了。事实上，在嘉靖帝、万历帝之后，明朝再也没有出现过如"大礼议"时杨廷和内阁对嘉靖帝，万历时"争国本"那种对皇帝进行牵制和激烈抗衡的状况。

其实阁权和外朝对皇权的制约，其存在基础是非常薄弱的，因为它仅仅存在于皇帝对这种制约制度认可的前提下，一旦皇帝翻脸不认账，这种脆弱的平衡马上就会被彻底打破，之后便江河日下一发不可收拾。

又所谓一朝天子一朝臣，这满天下确实也未必只有这几位能做内阁去打理政务，像"大礼议"后，新兴势力张璁所主持的内阁进行改革并有所作为，使嘉靖朝前期的政治与正德时期相比清明甚多，就是一例。因此皇帝如果翻脸，大不了把不服气的朝臣换一轮就是，至于换上去的人能力、品格好坏，那就要看皇帝的个人嗜好和大家运气好不好了，幸亏张璁内阁是不错的，倘若换成后来严嵩那样的内阁，其后果可想而知。

独断专行，始终是皇权制度的重心所在。

"大礼议"事件的后果，也并不仅仅是阁权的败退，其后果之复杂，我想应该说超出了当时人的想象。当然，这对当时人来说，应该是一个无法企及的高度，而现在我们可以很幸运地凭借那么多年来的思想进步和积累，站在一个他们达不到的高度以现代眼光回过头去，从容地审视这一切。

嘉靖以十五岁的年龄继位，还没进北京和皇宫，就遭遇了内阁和朝臣的一系列打击，即位以后的三年多时间里，又被迫一直反复纠缠于"大礼议"，而这些恰恰都牵扯到当时极被看重的人伦孝悌观念问题，再加上当时嘉靖的父亲去世不久，这位十五岁的孩子对母亲及祖母之亲情依赖，还有为父亲一宗继香火的责任等，突然将被大臣们强制剥夺。几乎可以肯定，大臣们这种因政治利益而炮制出的扭曲得近乎畸形的所谓"礼制"，以及内阁势力和言官清议给他的巨大压力，严重伤害了嘉靖的个人感情。

在这种状态下爆发的左顺门廷杖大臣事件，从表面看，是"大礼议"之争的终结。其后嘉靖威福自操，在他的授意和默许下，新兴内阁势力对"议礼"诸臣基本都进行了报复（或者也可以说是政治需要的新旧内阁势力更替）。

但实质上，这些举动显然也使嘉靖开始尝到了甜头，充分认识到了皇权的巨大威力，并让他在对大臣们无可奈何几年之后，突然发现了一个能随意对大臣们泄愤及报复的手段。对一个十几岁的年轻人，一个初、高中年龄的半大孩子来说，在承受了三年多屈辱、压抑及愤怒后，突然发现手中握有无可匹敌的巨大权力会导致什么结果，几乎已不言而喻。

因此，嘉靖杖杀朝士之数量，独步有明一朝，朝臣虽朝服亦不免冠带受辱，所谓"中年刑法益峻，虽大臣不免笞辱……公卿之辱，前此未有……四十余年间，杖杀朝士，倍蓰前代"云云，并非毫无来由。我相信这不是他天性所致，无论如何，不能把责任全推给他一个人去扛，杨廷和以及"议礼"的诸臣，不管其起始主观动机如何，客观结果就是他们至少要对此种后果，承担一半甚至大半责任。

需要提一下的是，嘉靖对使他全家得遂心愿并出了大力的张璁，虽然也有贬谪的时候，但总体来说还算是一力维护，有始有终的。在张璁死后，他也表现出了与张璁比较深的君臣感情。再联系嘉靖坚持为父母争名分的举动，这多少让人感受到嘉靖身上的复杂和矛盾之处，正是这种复杂而矛盾的人性的表现，一下子使他的形象生动了许多，多了很多作为一个人，而不是一个政治符号的内容，这又不得不让我生出颇多感叹。

不过话说回来，即便是这样，张璁为官中途还是有三次致仕和一次罢官。

这固然与张璁的刚直性格有关，但也说明了嘉靖经此一役后，对朝臣和权臣一直持一种猜忌和不放心的态度，他甚至可以因为彗星出现而怀疑朝中有大臣擅权，从而导致张璁的去官离职。

"大礼议"事件对嘉靖个人的影响，还表现在他此后热衷于礼仪制度，对孝悌人伦等问题极为重视。记录了"大礼议"全过程的《大礼集议》，后来被他赐名为《明伦大典》，而议礼则成了嘉靖朝一个显著政治特点，乃至于嘉靖有"议礼皇帝"之称。

只是礼仪制度再复杂也有尽头，且礼制本无外生喜死丧而已。

很多年后，当嘉靖发现皇家和世俗礼仪再没什么可以研究时，便转而去研究虚幻的、可以无穷尽进行下去的道家礼仪，并因此对道教产生了浓厚兴趣。

到最后，嘉靖终于成了一个成天穿着道家服装的炼丹皇帝。我想，这其中有相当部分原因，是拜那些大臣们搞出来的"大礼议"所赐。

另外需要说明的是，尽管出于种种原因，明代著名的思想家王阳明没有直接参与"大礼议"之争，但他却是一直站在嘉靖、张璁这一方的。他的"先王制礼，皆因人情而节文"的思想，为其弟子支持嘉靖和张璁、桂萼等人的主张提供了理论依据。而他的弟子之一就是张璁派的大将席书，其他弟子如黄宗明、黄绾、方献夫等也都是张璁派的骨干力量。他本人也明确地对此事表过态，在《王守仁全集》卷十二所载的《与霍兀厓宫端》一书中，他曾这样说道：

> 往岁曾辱《大礼议》见示，时方在衰疾，心善其说而不敢奉复。既而元山亦有示，使者必求复书，草草作答。意以所论良是，而典礼已成，当事者未必能改，言之徒益纷争，不若姑相与讲明于下，俟信从者众，然后图之。其后议论既兴，身居有言不信之地，不敢公言于朝。然士夫之问及者，亦时时为之辩析，其在委曲调停，渐求挽复，卒亦不能有益也。后来赖诸公明目张胆，已申其义。

"心善其说""意以所论良是"云云，已可十分明确地知道他的态度了。事实上，后来也有相当多的学人们认为，这场新旧士大夫集团之争，实质上也是新兴王学及正统朱学之争。

程朱理学和阳明心学

在"大礼议"中占绝对多数的继嗣派大臣，基本都是秉持传统程朱理学的士人，此战中他们以为"最得义理之正，可为万世法"，据为基础和范例的，就是宋程颐的《濮议》（又称《濮园议》，全名为《代彭思永上英宗皇帝论濮王典礼议》，南宋赵汝愚的《宋朝诸臣奏议》中名为《上英宗乞罢濮王称亲》）。

明代的哲学思想秉承宋儒，自明中叶王守仁也就是王阳明的心学开始蓬勃，经由明季惨烈的党争及明清易代的社会大动荡之后，终于进入了经世致用的清初实学（在中国思想史上，不同时期对"实学"的解释各不相同，就是在同一时代，各学派也均有各自不同的解释。大致上，宋明理学以其所讲求的"理"为"实理"，有关道德的学问就是"实学"，重《大学》《中庸》而反对读史；清代的经、史学家们，则指宋明理学所讲求的"理"为"虚理"，故其"学"亦是"空虚之学"，他们认为经史之中的制度、人事、训诂之学才是"实学"，因此重《五经》《二十一史》等。为方便起见，本书所说的"实学"，概指清人所倡之"实学"，以免歧义。）。

程朱理学和阳明心学，都极注重伦理道德。程朱理学将经学，特别是《中庸》的"道""理",视为用之不尽的经世之学。朱熹认为宇宙中的一切事物,虽千差万别各有不同的性质,但它们都是来自一个不变的"理",这唯一的"理"就是所有事物的本体,谓之"源头活水"。王阳明虽然不尽同意朱熹的理论,如提出了"知行合一"说,并认为"理"不在心外而在心上,"良知"才是本体等,但两者的目的和方法是基本一致的。阳明心学在中国思想史上有相当地位,但其积极作用以及和程朱理学的比较,都与当前主题关系不大,且相关论著甚多,故于此不再赘述。

阳明心学之起,本源于王阳明得罪正德时期的权宦刘瑾、历九死一生谪居贵州龙场期间。其后他统军镇压农民起义、平息宁王叛乱,但再次受到张忠、江彬、许泰等人的陷害,又险些丧生。权宦刘瑾的迫害,因民不聊生而爆发的农民起义,试图夺取皇位而起的宁王叛乱,张、许等人因争权夺利而对他的诬陷,这些无不使王阳明深刻感受到了"私欲"之可怕。在这种大背景下产生的心学,其核心自然就是"去人欲,存天理",格外注重于伦理观念和个人的道德修养。

正德到万历这几朝,因刘瑾执政而导致政体大变,内监逐渐凌驾于内阁之上,随即又出现了一位强悍的内阁张居正,于是上有胡作非为的皇帝,中有飞扬跋扈的内阁和太监,下有争权夺利的朝臣,各级当权者予取予舍、生杀决于一念,朝纲日坏,党争大起,物欲横流。

面对此等政治上的黑暗情形,不能不使怀有济世思想的广大士人们苦苦寻求其产生的根源和解决之道。而此刻出现的心学比之以前的学说,尤其是主流理论程朱理学,有其相当积极的一面,如

"去人欲，存天理"等既重伦理道德，又宣扬人人均可自内心去寻找成圣之道的观点等。而从形式上看，它也要比程朱学说来得更便捷，这些显然给当时沉浸于苦闷中的士人们带来了一线希望，给他们指出了一条似乎很明亮的希望之道，正可谓生逢其时。故心学从嘉靖初年形成完整体系后，即使遭到来自上层的一定程度的压制，也依然大盛起来，横扫当时。

因此心学的产生和发扬光大，除去因思想史本身发展之必然、积极的因素外，也起自并得益于当时的政治格局和形势，这两者之间有着密不可分的互动关系。

不过宋明理学均看重《大学》《中庸》，日日研究的重点也非事物本身，而是事物的本原，也就是"本体"，如"良知"等。因此宋明理学虽然部分观点有所不同（而王阳明初期也提倡理性的作用），亦有一定事功思想，但实质上区别并不大。并且王阳明在晚期逐渐开始倾向于虚无主义，这种哲学思想的转变以及影响，在王阳明故去之后开始达到顶峰。

王阳明在故去前不久的嘉靖六年（1527年）九月，与门生钱德洪、王畿两人的交谈中，曾对心学做了总结式的表达，即"四有四无"说：

> 四无之说，为上根人立教；四有之说，为中根以下人立教。上根之人，悟得无善无恶心体，便从无处立根基，意与知、物，皆从无生，一了百当，即本体便是工夫，易简直截，更无剩欠，顿悟之学也。中根以下之人，未尝悟得本体，未免在有善有恶上立根基，心与知、物，皆从有

生，须用为善去恶工夫随处对治，使之渐渐入悟，从有以归于无，复还本体，及其成功一也。（王畿：《龙溪王先生全集·天泉证道纪》）

此说指出了心学之"无"是否认客观的"物"和主观的"心""意""知"，"有"则是一种善恶道德观，而心学又有"顿悟""渐悟"两条修习之路，经过"无善无恶"的"顿悟"和"为善去恶"的"渐悟"后，有亦归于无，最后达到"四无"境界。

事实上，他的"顿悟"和"渐悟"最终着眼的都是"无"和"悟"，这种世界观和方法论恰与佛教禅宗的教理如出一辙，几可视为禅宗南、北二宗，即顿教和渐教的翻版。

王阳明故去后，心学基本按其所说之"顿悟"和"渐悟"两条路发展。顿悟以王畿、王艮为首，渐悟则以邹守益、钱德洪等人为首，其中尤以二王的顿悟派势力为显。

然而中国士人往往容易走极端，常常将自己尊奉的杰出人物和思想一味地绝对化、神圣化，最后宗教化，同时对持异见者习惯一棍打杀，其爱者一何可爱，憎者一何可憎，故极易最后事与愿违，正所谓持之愈力，失之愈深。

二王在心学顿悟的道路上继续前进，他们进而认为"良知"是先天现成的，所以不需要读书明理修身养性，也无需求诸于实践，只需从心悟入，不睹不闻，不思不虑，便可以一了百当大彻大悟，破千古之疑。

邹守益等人虽然认为"良知"需要下功夫才能修到，但其所谓功夫也不过是和佛教一样的打坐静心，或做各种冥想，以为只需虚静无欲就可悟天理、成圣人。

这两脉都基本屏弃了实践和事功，他们这些阐释和发扬，使得心学禅宗化、宗教化程度日益严重。如果说王阳明创立了核心为"致良知"这样一门叫"心学"的学说的话，那么，王畿等人显然就是在把这门学说朝宗教方向发展。如王畿大力宣扬"良知"是"范围三教之枢"（王畿：《龙溪王先生全集·三教堂记》），王艮本人及其泰州学派虽开始曾试图致力于"百姓日用之学"，但其晚期也一样过于注重孝悌，又多造悟道、梦兆一类近似神话之说，颇类宗教狂想，学风终不免也流于空疏。其后来者至周汝登这一脉，亦一直试图融儒、佛两家于一炉。

王艮的泰州学派，一直到后来的李贽这一支出现，才开始反正，真正体现了相当的市民意识。

正是在此种学风影响下，学界参禅、浮诞之风日盛，史称王畿"每讲，杂以禅机，亦不自讳也。学者称龙溪先生。其后，士之浮诞不逞者，率自名龙溪弟子……（王艮至周汝登一脉）其学不讳禅……更欲合儒释而会通之……尽采先儒语类禅者以入。万历世士大夫讲学者，多类此"（《明史》）。

心学自嘉靖初大盛起，到万历十二年王阳明的神位被下旨请进文庙之后，其影响达到了顶峰，几乎连朝政也为其所影响，一如明末清初的陆陇其在《学术辩》中所言：

> 自嘉、隆以来，秉国钧作民牧者，孰非浸淫于其教者乎？始也倡之于下，继也遂持之于上，始也为议论，为声

气，继也遂为政事，为风俗。

由于王阳明的门生弟子遍及朝野，在他们的大力提倡下，从万历朝开始到之后的半个世纪，明季士人终于和魏晋时期的士人一样，成天清谈道德文章，这也日渐成为整个士人阶层乃至职场的主流风气。

又，由于宋明理学均只重《大学》《中庸》，反对读史，即所谓的"理学尊经，事功尊史"，因此他们相当排斥研究经史中的制度人事及训诂经世之学，更使得万历后不少朝中大臣对自己分内事和政治问题一问三不知，甚至闹出把本朝律法误为先秦刑律的笑话——"自神宗以来，士习人心不知职掌何事，有举《会典》律例告之者，反讶为申、韩刑名"（《明史》），而"明季士大夫问钱谷不知，问甲兵不知"（《明史》）等匪夷所思之现象亦不一而足。

正是由于明中期这种哲学思潮的演变和影响，使此后的明季学界乃至士风均越走越极端，所谓名士多浮夸侈谈之气，只晓得清谈道德文章，于经世治国只会一句顺天理明道德，逢变就敦请皇帝下《罪己诏》，余则通通一筹莫展、束手无策，唯徒呼奈何而已。他们全不想身为臣子不能为君亲分忧，又当罪之何名，成天就知道让皇帝罪己，连这点责任都不愿意扛，明朝不亡才是咄咄怪事。

明清之际的大儒顾炎武是故痛心疾首，愤然斥责道：

　　刘、石乱华，本于清谈之流祸，人人知之，孰知今日之清谈有甚于前代者。昔之清谈谈老、庄，今之清谈谈孔、孟，未得其精而已遗其粗，未究其本而先辞其末。不习六艺之文，不考百王之典，不综当代之务，举夫子论学、论政之大端一切不问，而曰一贯，曰无言，以明心见性之空言，代修己治人之实学。股肱惰而万事荒，爪牙亡而四国乱，神州荡覆，宗社丘墟。（顾炎武：《日知录》）

这种片面强调道德的极端主义思想，固然有其好处，如前面说到部分士人因此不计个人得失与生死，甘犯天颜仗义执言，在一定程度上维护了一个国家的纲纪伦常和政治清明，多少给了老百姓们一丝希望，也在一定程度上修正了某些政治弊端。但负面影响之大也令人扼腕，在某种程度上，甚至可说是明亡的主要原因之一。

正是在这种思潮的影响下，不少士人的认知是一切以道德为先，"不习六艺之文，不考百王之典，不综当代之务，举夫子论学、论政之大端一切不问"，个个忙着占领道德制高点，以免被人诟病，同时又反过来以此为资本去攻击和挑剔别人，完全忽略了最基本的政治和实务处理能力以及一些问题的合理化抉择，这使得相当部分官僚完全失去了正常的政治能力，只知道空谈所谓的学术和以道德自矜，严重影响了国家机器的正常运转，最终导致"股肱惰而万事荒，爪牙亡而四国乱，神州荡覆，宗社丘墟"，因此我觉得将其称为"道德原教旨主义"是最恰当不过的。

忠臣、能臣、庸臣、佞臣和正人君子

与此同时，明代内阁体制的变迁，又使得明中叶和晚期的内阁首辅从明初的顾问角色转为一人之下万人之上的类似宰相的角色，所以一旦坐上此位后试图长保其职，也是人之常情。但当时的党争激烈，这么一来，明代所谓的"座主"体系也就此产生，朝野士人往往都要找一个"座主"来支持自己，不然实难出头，于是内阁首辅理所当然地成了"座主"首选。因此一个首辅下台，其继位者以及他在朝中的门生弟子依然与他是二而一的事情，影响并不稍减。如前文说的杨廷和便是个例子，他虽然致仕离开了这个职位，但其后继者和六部尚书以及大部分朝官，还是一力秉承他的意旨和一贯方针，若不是嘉靖非常强硬地寻找一切机会对以杨廷和为代表的旧有势力集团进行打击，以一种近乎蛮横无理的方式支持张璁，而张璁的个人能力又还比较出色，则朝中诸人依然还会以杨氏马首是瞻。

又由于宋明理学这种对道德近乎苛刻的追求，为首辅者若是真正的理学门徒，就往往会因过于遵循其道德体系而刚极易折，故鲜有在位成就势力者。如天启朝极受天启敬爱的孙承宗，崇祯朝的文震孟、钱龙锡、范景文等寥寥无几的几位正人君子，或如三番四次因同官阻挠不能入崇祯阁的学术宗师黄道周、刘宗周等人，便均是如此。这些人虽然私德良好、学问极佳，朝野声望也相当高，但一来阿党比周，自古君子所疾，营造个人势力与他们的价值观和道德观本就大异其趣，完全没有主观能动性。二者他们出仕后，或不堪官场倾轧，或由于守正而得罪一方势力遭弹劾，或直言顶撞得罪皇帝，总之多会因各种原因匆忙去职，所以客观上也没有时间和可能形成自己的势力。而其他心计深沉、柔而媚上之辈，如温体仁、薛国观、周延儒等，则因善处人又会揣摩、迎合上意，是以只要一登此位就可以在朝中翻手为云覆手为雨，反倒能长期待在这个位置上并大肆培植个人势力。此中翘楚，又当推温体仁、周延儒。故嘉靖后，凡在内阁形成势力者，基本没有纯正的秉持理学、王学观念的士人。

这种片面强调道德而忽略个人能力、职业水准的"道德原教旨主义"，其后果是什么呢？我们不妨以崇祯朝五十位大学士中不多的几位正人君子和一些名臣为例，来探索一下这个问题。

末代大学士之一范景文其事迹，见于《明史》卷二百六十五。在此处特意提到卷名，是由于此卷在整个《明史》中的体例特殊性比较值得重视，其开篇并不如其他列传一样先述人、事，却来了这么一笔：

> 崇祯十有七年三月，流贼李自成犯京师。十九日丁未，庄烈帝殉社稷。文臣死国者，东阁大学士范景文而下，凡二十有一人。福王立南京，并予赠谥。皇清顺治九年，世祖章皇帝表章前代忠臣，所司以范景文……二十人名上。命所在有司各给地七十亩，建祠致祭，且予美谥焉。

这一卷，全是崇祯朝灭亡时的当场死节之臣，从这种大异常规的体例，可以看出明、清两朝史书编撰者对这些忠臣烈士的褒许和敬仰之心，也稍可窥见明末清初时官方政治态度的特殊取向，如对待南明朝廷的态度和大顺军的态度等，在此不多论述，有志者可多自斟酌。

再接着读下去，问题就来了。

我们会发现范景文在内阁学士的位置上，除了些日常工作及与坏人坏事做斗争，秉持其道德风范之外，并无什么其他可以称道的政绩，其可结传者唯死节一事耳。其实不止范景文一人如此，仔细看看崇祯朝五十位内阁学士传记，在内阁学士位置上政绩可采者余以为不过杨嗣昌一人而已，周延儒勉强还可算得上小半个，余皆碌碌，"明季士大夫问钱谷不知，问甲兵不知"，信矣。

譬如李自成进逼北京，崇祯帝咨询内阁诸臣意见时，范大学士的回答是这样的："固结人心，坚守待援而已，此外非臣所知。"要说起来，哪怕"固结人心，坚守待援"，也总得有个章程，譬如当时军饷匮乏，兵员不足，这些如何解决，而外援又从何而来，如何联络外援，时日几何等。这些如何固结人心、坚守待援的法子一概没有，而他一句"此外非臣所知"，那不是等于什么都没说？要这样说起来，我也可以大喊一声赶紧调集大军前来勤王，至于哪里来的部队怎么个勤王法，则非臣所知，这不是废话是什么？

可问题在于：就算你明知道不妥，想说他错，他这话还真没什么大错，要说他不错，偏生他说的又全是废话，如此奈何？

其实像这种说废话的情况，在崇祯时不是发生一次两次，也不是一个两个人这样，而是大面积、长时间地在发生着，譬如陈演、魏藻德这两位人品不怎么地的大学士，在崇祯帝议论南迁方案时，因知道崇祯帝意图南迁，他们心里又不愿意离开北土，于是干脆给崇祯帝来了个徐庶进曹营——一言不发，无论你怎么说，我都不表态。

按说皇上咨询你意见，无论是或者不是，你总得有个态度，可这几位愣是一点没态度，嘴巴闭得比大理寺监狱的大门还严，而且崇祯帝还不能说他们错在哪里了，搞得崇祯帝最后"耸身舒足，仰叹而起"（吴乔、戴笠：《流寇长编》）。

当我读到崇祯"耸身舒足，仰叹而起"这一句时，突然间非常真切地感受到了崇祯那种椎心入骨的凄凉、无奈心情，这一声长叹，将他的心情表露无遗。

这两位大学士的不表态，在我看来，不但是另一种形式的废话，更是一种丑态。

比较而言，范景文虽然没有解决问题的能力，也说了几句废话，但坚守待援的态度还是表了的，最后也终于死节，其大节和私德无可指责，不能算能臣，可确实还是个值得尊敬的忠臣、纯臣。陈、魏二人，一样不是能臣，他们本是传自薛国观、温体仁一脉，口碑原本就不怎么地，而《明史》列传中更说他们"演庸才寡学……演为人既庸且刻""藻德居位，一无建白，但倡议令百官捐助而已"，这两人既不想得罪皇帝，又不想被人指责，坚持不在皇帝咨询国事的时候说话，在境界上肯定落了下乘。

比较起来，范景文的表态虽然是废话没什么用，可至少还有职业道德，知道坐这个位置就要提供意见，而这两人则连这一点都谈不上。在我看来，没有过错的尸位素餐，也是一种犯罪。再从他们后来依附大顺军（结果是大顺军不要他们，榨干钱财之后把他们一刀给杀了）的举动看，他们一定不可以算忠臣，因此最好的评价是，这一派大学士只能算是软骨头的庸臣。

再来看当时名满天下的宗师级大学士文震孟，他是天启时的殿试第一，道德文章俱是上佳，论人品、学问都可算是一代宗师，可他担任相当于现在副总理的这个内阁大学士职位的表现，恐怕差得就不是一点半点。如果仔细看他的传记，我们会发现除夸奖他学问文采好、道德风尚好之外，通篇不见什么具体业绩，就政绩来说几乎是个空白。而其他如李标、何如宠这些人的名字，我想除专业人士之外大约更鲜为人知，别说什么政绩了。哪怕是钱龙锡这样赫赫有名的人物，仔细看其传记，也是除了党争之事外，几乎无事可记。另外还有不是崇祯阁老，却大名鼎鼎被称颂为正人君子楷模的大儒刘宗周、黄道周等人，也基本都保持了除了批人之外无事可采的"清白"风格，不过他们的事迹与其他事件有涉，暂且留待后文再述。

在那么多大学士中，私德比较好又还算有些才干的，就只有蒋德璟、李邦华这数得出来的几个，他们曾经有过一些还不错的具体的建议和业绩，不过也只能说能力虽有但并非大才，且他们大多畏惧崇祯，因而尽量回避正面冲突，是以终究还是无能为力，只余多几份纸上谈兵的书生言。

总之崇祯朝的五十阁老，无论其为人道德如何，对整个国家而言，百分之九十都是无能阁老。

不过明季也有一位必须要说的内阁大学士，那是一位长期以来被人们忽略，未得到正确认识的文武双修的大帅、能臣和赤胆忠心的大忠臣。

那便是天启老臣孙承宗孙阁老。

孙阁老高阳先生，其能力无论从哪一方面说，都可以算是明季的最强者，且私德极好。只是他更多地关注于军事和边疆战事，又不结党，是以虽然连魏忠贤都十分畏惧他，但却对朝政起不了多大作用，这自然是性格和理念使然。

要一位刚正不阿的君子去结党，尤其是如他这样门生弟子遍天下，连皇帝都会因仅仅喜欢听他讲课而不愿意放他离开一步的长者去结党营私，哪怕不是为了个人目的，那也是不可想象的。所以虽然他名列东林魁首，但他出手营救东林党人以及弹劾阉党，却纯粹是出于道义立场，丝毫没有一点掺杂了私欲的党争成分在内，而且也从不使用任何不光明正大的手段。

这些，我想应该没有谁能指责说是缺点，是过错。

但问题恰恰在于这些因可贵优秀的道德品质及坚定信念而起的举动，虽然十分令人尊敬也没有任何可以指责之处，但其对于整个国家和政治格局而言，客观的结果却并不很好，这又不得不叫人扼腕长叹。

政治，永远都不是一个可以讲道德的战场。

在这里，请允许我的思想放肆一次，随意去"如果"一下这段历史。

如果，孙阁老权变一点，通融一点，对自己不那么苛刻一点，那么历史将会怎么样呢？

以阁老之声望，振臂一呼天下响应，辽东铁骑唯他马首是瞻，东林党人多有其门生弟子，天启帝对他敬爱有加，不欲身边一日不见阁老，他只需略微地结结党，朝中就完全可能又是一番景象。

更也许魏忠贤在天启五年那天夜晚，就不是被吓得半夜跑进皇宫围着皇帝的床铺大哭，而是被孙阁老直接率兵清了君侧。以孙阁老的文韬武略，即使内阁次辅顾秉谦奋笔多少次"无旨离信地，非祖宗法，违者不宥"，皇帝半夜启禁门召兵部尚书入宫发多少道飞骑制止，魏阉矫旨谕九门守阉设下多少埋伏，都是一样无用。这些在阁老面前，犹如薄薄一层吹弹得去的尘埃而已。

祖大寿和关宁铁骑们敢在崇祯二年视崇祯诏书若无物破山海关而出，就敢在天启五年破北京大门而入，这只需孙阁老一个眼色，甚至都无需言语。而京城那天晚上清君侧的传言，魏忠贤的半夜绕天启帝卧榻大哭，也都正好说明了这一点。魏忠贤最惧怕的、最无法抵抗的，就是这位孙阁老自辽东率军入京来清君侧。

只是孙阁老如果真的率军清了君侧，那么他也就不是孙阁老孙高阳先生了。

历史的悲剧，往往在于悖论。

真正的孙阁老，在那一年的夜晚，不过只带一位幕僚、挟一袭寒衾、驾一骑马车，怀揣一纸奏章，奔波在试图为杨涟等六君子抗辩的入京途中而已。

历史到底还是无法假设。

大明正德八年，也就是公元1513年，王阳明为南京太仆寺少卿，正在南直隶滁州督马政。

而此时在欧洲的佛罗伦萨，有一位名叫尼科洛·贝那尔多·马基雅维利的人，写下了一本薄薄小册子，想以此作为自己的进身之阶。

这本名为《君主论》的小册子，第十五章第一节的小标题，叫做"道德幻想与严峻的现实"，其中有这么一段话：

> 许多人都对那些从未见过、也不知道是否实际存在的共和国或君主国迷恋不舍，但是，人们的实际生活是一回事，而应当如何生活则是另一回事。一个人要一味假设而把现实置诸脑后，那么他学会的将不是如何自存，而是如何自戕。因为，谁要执意在任何环境中都积德行善，那么他在众多不善之人当中定会一败涂地。

确实，信仰和道德是必需的，但如果在任何时候、任何场合都遵循所谓的高尚的道德准则，那可未必真是什么"好事"。

孙阁老绝佳的个人品格和操守，让我无比尊敬，但恰恰又是这种绝佳的品格操守，彻底束缚住了这位明季第一强者改写历史的手脚，让他无法改换风气，不能在朝中树起一方势力，哪怕那是正义的风气和势力。

因为任何一种违背程序正义的手段，都是与阁老恪守的信念冲突的，哪怕实质再正义，他也绝不可能去采用。所以他才会孤身入京上奏章，试图以一纸肺腑之言去对抗魏忠贤那庞大的利益集团，他只能、也只会用这样的合乎他道德准则的手段来斗争。

由程序正义和实质正义这两样材料，混合铸成了一道紧箍咒，注定了孙阁老的抗争最后必然会失败。

清人对孙阁老曾有这样的感叹："恢复固未易言，令专任之，犹足以慎固封守；而廷论纷呶，亟行蜀除。盖天眷有德，气运将更，有莫之为而为者夫。"（《明史》）如果说他一手提拔起来的袁崇焕、祖大寿等人是大明关门的一把把大锁，那么孙阁老就是这道门上最粗大的一根门闩。

"有莫之为而为者夫"！

原本明亮的天空，终于因此而日月无光。

内阁的情况讲过，且来看看他们的对手，那些言官们的状况。

明季言官之状况，与大部分内阁官员的状况正好相反，他们一向都对批评政府和皇上非常有兴趣，而且表现十分的激进。

之所以会出现这样的现象，一是因明代的取士制度所致。虽然从来历朝的科场作弊者不是少数，但毕竟考官不是一位，且明朝的考官大多是由名望甚高者，譬如文震孟之流来担任，不然就无法服众，且就是皇帝自己也不会答应，因此有才学、有节操的士人，还是得以源源而进。

二是明代御史一类的言官职位数量极多。《明史·赵焕传》中说"故事给事中五十人，御史一百十人"，这一百六十位言官可不是个小数目，没有谁能尽数植其党羽，就是皇帝也没这个能耐，好像万历帝那样对去职的空缺一概不补，也到底没能躲过言官们的指责。

三是言官们不像内阁一人之下万人之上，有极多的政治利益和现实利益牵扯。他们大多没有很复杂的利益关系，本职工作除了弹劾人还是弹劾人，而且即使你不弹劾别人，也有其他人去弹劾，所以少有能谋取好处的资本。我想，他们唯一谋好处的途径大抵也就是投靠内阁或者某一派势力了。

但是别忘记了，言官与清议可从来都是连在一起的，因此倘若哪位言官由于投靠某个势力而惹了清议，其本身又没有如内阁那样大的权势，那么可以肯定他很快就会被赶下这个位置。所以这种特殊的环境在客观上也迫使言官们保持了一定的自律精神，使得言官群体在一定程度上从思想到行动，都秉持了一种比较极端的、一切以道德为先的价值观。

换个角度看，他们的职能恰恰就是纠察风纪、弹劾官员，而这种以道德为先的价值观又正好是这个职位得以存在的重要基础之一，因此这是这个群体互为表里、不可分割的两个层面。

他们这种思想和价值观的好处是一切道德占先，坏处也同样是一切以道德占先却不讲能力，因此大部分人只会空谈。

又因为内阁体制变迁，使得内阁实质上逐渐回复到了一人之上万人之下的宰相模式，权力极大，坐此位者莫不试图长保，这也是人之常情，座主体系也就此产生和延续。而真正的道德占先者则因刚者易折，往往坐不长这个位子，能坐长的大多是柔而媚上、工于心计者，如文震孟的私德、学问就极好，但却全然没有政治和经世致用之能，所以他做了内阁也没用，倒是周、温、薛一类的反而能颠倒众生，长期占据这个位置。

正是由于上述这些原因，明季的言官和朝野清议始终与政府鸿沟巨大，处于鲜明的对立状态。

然而，虽然良好的士风士节在言官中保持得最为完好，其作用却不大，究其原因，乃是内阁们即使私德有亏甚至不学无术，但往往能获取皇帝和司礼太监的支持，进而压制言官，再加上他们手中掌握着实权，真翻了脸不讲道理胡来一气，言官们也只能无可奈何。因此言官们虽然经常占着理，在民间甚至朝廷上都可以赢得舆论的普遍支持，可最终少有能在斗争中占上风的。这种状况，也是明季政治格局的重要特征之一。

"殿廷杀人"——针对士人们的廷杖制度

然而，即使是此种不多的难能可贵的士风士节，在起始于朱元璋蔑视仇视士人的心态及因此产生的陋制下，也于正德、嘉靖、万历等朝不断遭受惨重打击。

在明朝前期，除明太祖重八和尚偏好鞭杀、杖杀朝士，时常兴大狱摧残士人外，之后的永乐"靖难之役"和永乐夺位之后的大清洗属非常时期之非常手段，当属例外。和仁、宣朝，由于皇帝尚算清明，鲜有触目惊心摧残士人之大案。即使到英宗"土木事变"的王振肆虐时期，其政治虽日有颓势但于此节上却并无太大改变，盖因其无法对士人进行长期的、大规模的摧残。这固然有其他原因，不过也与当时职权尚在府部有着很大关系，如于谦等六部尚书虽不能改换江山一洗朝风，可制衡、匡翼之力还是有的，而朝士之势亦颇强，群臣在代宗面前毙杀王振余孽马顺就是一例。其后虽有宪宗朝之权宦汪直为祸，但随即又有孝宗长达十八年的"弘治中兴"，因此对朝士之态度基本属有消有长的相持之态，并未出现什么大风浪。

然自正德、嘉靖起，因皇帝及权臣受到的制衡越来越小，自皇帝到权臣，包括极出色的政治家张居正在内，个个作威作福，活人杀人决于一念之间，遂开始了对士人长期的、大规模的摧残。如以制度而言，尤以有"殿廷杀人"之称的廷杖制度为最。

前面说过，明代制度化的对士大夫进行摧残的手段，以廷杖为代表，因为此处罚虽然属于制度化的刑罚，在经过审理的案件处罚中也时有所见，但也可以全然无视各种法规，无须任何审理诘问过程直接执行。譬如在朝上一不小心得罪了权臣和皇帝，那便是想打就打，即刻扒了裤子立即执行。倘若只有皇帝可以用，那也算有点制约，可这项处罚却不然，只要皇上愿意，太监、大臣都可以拿来用。如张居正和魏忠贤就都假皇帝之名用过，因此这成了消灭异己的最好办法，也用不着想什么罪名，直接打死拉倒。而廷杖所具备的高残酷性、高侮辱性这双重属性，亦为中国历史所罕见，因此此法实乃最丑陋的恶法之一。

廷杖的残酷性，恐怕远超出一般人的想象，其险其惨其荼毒之深远，足以令人闻之股栗。

廷杖第一可怕之处，在于可轻易取人性命。

在一般人的想象中，屁股和大腿被打上一顿棍子或板子，无非是痛一阵，最多躺个十天半月也就是了，很难想象只要挨上个几十下，就能让人丢了性命。这事固然值得追究，同时我们还得知道，受刑者能否活命除了和被打的数量有关外，还和执行者对受刑人的态度有密切关系。其实行刑者想取人性命或放人一条生路，都十分容易，而且其中关节巧妙，不易被发现。

我们先来看看廷杖是怎么回事。据关于廷杖的记载道：

凡廷杖者以绳缚两腕……至杖所，列校尉百人，衣襞衣，执木棍林立……须臾，缚囚至，左右厉声喝："阁棍。"则人持棍出，阁于囚股上。喝："打！"则行杖，杖之三，令："着实打！"或伺上不测，喝曰："用心打！"而囚无生理矣。五杖易一人，喝如前。喊声动地，闻者股栗。凡杖，以布承囚，四人异之；杖毕，以布掷地，凡绝者十之八九。列校行杖之轻重，必察二官之话言，辨其颜色，而黠者则又视其足：足如箕张，囚犹可生；靴尖一敛，囚无生理矣。（胡承谱：《续只麈谈·廷杖故事》）

可见廷杖之下，杀人活人除皇帝的意思外，还得看行刑者的脸色，倘若听见说"用心打"又或者瞧见人脚尖向内一敛，那么受刑者就得把这条命交代出去了。即便受刑者最后侥幸没被打死，打完后把他往石板地上狠狠一摔，也可以将其摔死。有明一代，被杖毙之士人不知凡几，总之，这是一个有数道生死坎的鬼门关。

又，前段时间中央电视台播放大型纪录片《故宫》，其中第四集《指点江山》的解说词，将"着实打"和"用心打"的用途调了个头，把"着实打"说成绝无生还之理，此为错讹之语。

廷杖可怕之处之二，在于即使打不死也会被打残，而且治疗过程也非常痛苦。

万历五年，首辅张居正权势滔天之时遭遇父丧，本应去职守孝，但他不欲离政，因此指使亲信上"夺情"疏章，为自己继续留任张本。所谓"夺情"者，是古代逢父母亡故，要辞去一切职务在坟前或居家守孝三年，有时至亲接连亡故，这一守就要好多年。但如果为时事所迫或为皇帝所命，于守孝期间出理政事，虽然是不得不尔，而其举实非为孝悌之情，所以叫"夺情"。

然而，极端重视人伦的嘉靖皇帝，曾经在正德十六年（1521年）颁布过一道命令："命自今亲丧不得夺情"（《明史》），因此张居正"夺情"消息一出，三日内就有吴中行、赵用贤、艾穆、沈思孝、邹元标等五人先后上书弹劾。张居正大怒，遂勾连太监冯保，对这五人加以廷杖惩罚。

行刑完毕后，校尉们把这五人用布拖出长安门，放在门板上，即日将他们驱逐出北京。当时吴中行已经气绝，幸亏一位叫秦柱的中书舍人带灵药赶来救治，才得以死而复苏，然却终不免残废，其状十分惨酷：他的腿被医生剐掉的腐烂肌肉多达数十块，大的和手掌差不多，深达寸余，以至一条腿几乎成了白骨，书曰："一肢遂空。"

和吴中行一起受刑的赵用贤，是个大胖子，也许他因此少了几分被打杀的几率，也少了些因腿肉掉完而残废的风险。只是不知为何，他腿上掉的肉也要比吴中行的大点，基本都和手掌差不多大小。

但在此次事件中最出奇的，却并非受刑五人中的任何一个，而是这位赵用贤赵大人的妻子。赵夫人的精神和心理状态，现在想来必定十分坚强，而且作风相当泼辣，甚至可说悍鸷了。

因为她把赵用贤腿上的那些腐肉，做成腊肉然后收藏了起来。

她这么做的用意，以我猜想不外乎几点：一是向张居正示威表示不忘此恨；二则这在当时实为抬高赵用贤声望的荣耀事，是时五人"直声震天下，中行、用贤并称吴、赵"；三是以此对自家后代进行教育，反正肯定不是做来吃就是了。

说她以此对后代进行政治思想教育，那是确凿无疑的。因为到了崇祯朝，首辅杨嗣昌在崇祯的要求下亦"夺情"视事，担负起剿灭农民军及抗清的大计。而赵用贤之孙赵士春秉承家风，上疏抗辩杨嗣昌夺情，其中有道："臣祖用贤，首论故相夺情，几毙杖下，腊败肉示子孙。臣敢背家学，负明主，坐视纲常扫地哉？"结果赵士春被谪贬广东。

赵家祖孙二人并以攻击首辅"夺情"而被责罚，当时士人请议对此是极为推崇的。（《明史》）

于此可见，这以赵用贤廷杖后腐肉做的腊肉，乃是赵家的传家之物。虽此家人之士节可敬，然此事仔细想来，尤其是那位赵夫人的举动，还是不免有些令人毛骨悚然。

至于廷杖的侮辱性，已无需多说，只需径自想象一下在大庭广众间被摁倒扒掉裤子就足够了。那些德高望重的士大夫，或白发苍苍的耆宿，或英姿勃勃之栋梁，或为人师表或一门领袖，于人前、内室无不受人尊崇，而明人又素重礼仪人望，突然之间在众目睽睽之下被人扒掉裤子露出私处，还得噼噼啪啪挨打，相信当事人在受辱后自觉威信扫地无地自容之心，是无法以文字言表的。

这种恶法，摧残的不单是肉体，首先是士人们的自尊和信心，以及他们对这个皇朝和制度的忠诚，也正是在其他各种因素以及这种丑陋的惩罚制度的合力促进下，经过廷杖摧残十分酷烈及普遍的正德和嘉靖两朝之后，相当部分官员开始明哲保身，渐渐地趋向于极端个人主义，对国家安危和社稷宗庙采取了一种令人心寒的冷漠态度，这种冷漠的态度在明季政局，尤其是崇祯朝中，日益显露出来。

又，关于打屁股这一刑罚，清代的扬州八怪之一郑板桥曾以反讽笔法写过一段文，直看得人哭笑不得。其内容虽与本节无甚大关碍，但实为奇文一篇，故节选赘录于此，与大家共赏。

郑板桥在给"辽东三老"之一的李锴的书信中道：

> 刑律中之笞臀，实属不通之极。人身上用刑之处亦多，何必定要打此处？设遇犯者美如子都，细肌丰肉，堆雪之臀，肥鹅之股，而以毛竹加诸其上，其何忍乎？岂非大煞风景乎？夫堆雪之臀，肥鹅之股，为全身最佳最美之处，我见犹怜，此心何忍！今因犯法之故，以最佳最美之地位，迎受此无情之毛竹大板，焚琴煮鹤，如何惨怛？见此而不动心怜惜者，木石人也……我又不知当初之制定刑律者，果何恶于人之臀，惩罚时东也不打，西也不打，偏欲笞其无辜之臀也。臀若有口，自当呼冤叫屈……圣朝教化昌明，恩光普照，将来省刑薄税，若改笞臀为鞭背，当为天下男子馨香而祝之。

真是妙人。

魏晋风度与药石

文/汗青

　　魏晋风度，在中国历史上一直是文人士大夫们津津乐道的话题和追崇的典范。

　　在很多人看来，魏晋风度是一种真正的名士风范，所谓"是真名士自风流"，由正始才俊何晏、王弼到竹林名士嵇康、阮籍，中朝隽秀王衍、乐广至于江左领袖王导、谢安，莫不是清峻通脱，表现出的那一派"烟云水气"而又"风流自赏"的气度，几追仙姿，为后世景仰。

　　鲁迅在其著名的演讲《魏晋风度及文章与药及酒之关系》中，不但谈到了魏晋风度和何晏等人物，同时亦多处提到了由何晏大力倡导服用的药物"五石散"。

　　实际上，我们在谈论魏晋风度时，必定会说到这个"五石散"，因为两者几乎是联系在一起的。而服食"五石散"的风气自被何晏倡导并开始流行后，由魏晋至唐，名士们趋之若鹜，历整整五六百年而未有间断，且颇有发展，仅在《隋书·经籍志》中就著录了二十家"五石散"的解散方。

这个与魏晋风度一样，在中国历史上极其著名的"五石散"，又叫"寒食散"，一般认为是由东汉的张仲景发明的。因为最早注明"宜冷食"将息的"侯氏黑散"和最早直呼"寒食"的"紫石寒食散"，都是首见于张仲景《金匮要略方论》中的《伤寒杂病论》一篇，所以隋代的巢元方在他的《诸病源候论》里引晋名医皇甫谧语道："寒食、草石二方出自仲景。"张仲景合此药的主要目的，是用它来治疗伤寒（这个伤寒指的是感冒伤风一类的病，也就是古人说的风邪入侵，而不是指现代的伤寒症）。

那么这个"五石散"或者说"寒食散"，到底是个什么东西呢？我们不妨先从名字上说起。

称"五石散"，因为它是用石钟乳、紫石英、白石英、石硫磺、赤石脂五味石药合成的一种中药散剂，而之所以又被称为"寒食散"，乃是因为服用此药后，必须以食冷食来散热而得名。不过因为"五石散"的药性非常猛烈而且复杂，所以仅仅靠"寒食"来散发药性是远远不够的，还要辅以冷浴、散步、穿薄而旧的宽衣等各种举动来散发、适应药性，即所谓的"寒衣、寒饮、寒食、寒卧，极寒益善"，只有一样是要例外的，那就是饮酒要"温"。此类举动称之为"散发"和"行散"等。只不过倘若药性散发不出来，又必须再服其他药来引发，药性如显现则称之为"石发"。

组成"五石散"的那些石药，从西汉名医淳于意的《诊籍》来看，最早从扁鹊开始就已经被用来治病了："阴石以治阴病，阳石以治阳病。"而淳于意还有"中热不溲，不可服五石"一说。在同一时期的文学作品中，屈原《楚辞》里亦有"登昆仑兮食玉英，与天地兮比寿"的句子，由此可知早在春秋战国时期，人们已经开始服用石药，并一直延续到汉朝。

记载秦汉医学成就的药物学专著《神农本草经》，虽然在唐代初年就已失传，但在后人的辑本中，我们还是可以了解到在秦汉时期是把丹砂、石钟乳、石胆、曾青、禹余粮、白石英、紫石英、五色石脂等18种石药，全都列于能"轻身益气、不老延年"的上品药中的。而马王堆汉墓出土的帛书《养生方》中更有记载云"冶云母以麦籍为丸如酸枣大"，服后"令人寿不老"等，可见石药在当时地位是相当高的。

等到了正始名士何晏，他因体弱，乃自合药剂，由于"寒食散"药性猛烈，在汉时服用者尚不多，所以他在改进了前人的方子后方始服用（估计是加了配药或者调节剂量，我们现在已经不得而知了），后自觉良好，因而大力提倡，终成累世之风〔《世说新语·言语》："何平叔云：服五石散，非唯治病，亦觉神明开朗。"刘孝标注引秦丞相（按：当作秦承祖）《寒食散论》说："寒食散之方，虽出汉代，而用之者寡，靡有传焉。魏尚书何晏首获神效，由是大行于世，服者相寻。"隋巢元方《诸病源候论》卷六《寒食散发候》："皇甫（谧）云：寒食药者……近世尚书何晏，耽声好色，始服此药。心加开朗，体力转强。京师翕然，侍以相授……晏死之后，服者弥繁，于时不辍。"〕。同时由于这个药的材料很贵，所以到后来服用此药竟渐渐成为一种身份的象征，甚至有假装"石发"来表示自己富贵身份者，《太平广记》卷二百四十七引侯白《启颜录》载：

> 后魏孝文帝时，诸王及贵臣多服石药，皆称石发。乃有热者，非富贵者，亦云服石发热，时人多嫌其诈作富贵体。有一人于市门前卧，宛转称热，要人竞看，同伴怪之，报曰："我石发。"同伴人曰："君何时服石，今得石发？"曰："我昨市米中有石，食之今发。"众人大笑。自后少有人称患石发者。

魏晋名士们最被人追崇的仪态和风度的标志，便是他们宽袍大袖之飘逸风姿和惊世骇俗的举动。而在我看来，这些实是与服药有着莫大关系。

首先，服食"五石散"之最直接后果，乃是形态举止大异常人。

凡石钟乳、紫石英、白石英、石硫磺、赤石脂此五石，皆为燥温之物，服食以后五内如焚，急需以行走发汗来驱发药性，因而魏晋文献和此后的记载以及文学作品中多有"行散""行药"一说。比较著名的就有《世说新语》中记载的几则，其中一个是王恭的事迹：

> 王孝伯在京，行散至其弟王睹户前，问："古诗中何句为最？"睹思未答。孝伯咏："所遇无故物，焉得不速老？"此句为佳。

而另一则是正好碰上了行散的上司，因此靠一句话救了全家一命的：

谢（重）景重女适王孝伯儿，二门公甚相爱美。谢为太傅长史，被弹；王即取作长史，带晋陵郡。太傅已构嫌孝伯，不欲使其得谢，还取作咨议，外示綦维，而实以乖间之。及孝伯败后，太傅绕东府城行散，僚属悉在南门，要望候拜。时谓谢曰："王宁异谋，云是卿为其计。"谢曾无惧色，敛笏对曰："乐彦辅有言：岂以五男易一女？"太傅善其对，因举酒劝之曰："故自佳，故自佳。"

后世这类记载和描写也不在少数，如鲍照的诗作《行药至城桥东》，元稹的"行药步墙阴"和常建诗"行药至石壁，东风变萌芽"等，均为此类举动的直接写照。

由此我们可以想见，当服食"五石散"成为一种时尚后，魏晋名流们便纷纷服用以示身份，并在其后出门行走，只是此等举动大多实是一种不得已之行为，并非如我们想象的那般逍遥，因为他们必须疾步行走到出一身汗方好。因此梁实秋先生曾经小小地幽了他们一默：

六朝人喜欢服五石散，服下去之后五内如焚，浑身发热，必须散步以资宣泄。……这种散步，我想是不舒服的。肚里面有丹砂雄黄白矾之类的东西作怪，必须脚步加快，步出一身大汗，方得畅快。我所谓的散步不这样的紧张，遇到天寒风大，可以缩颈急行，否则亦不妨迈方步，缓缓而行。培根有言："散步利胃。"我的胃口已经太好，不可再利，所以我从不跐跟地越路。（《散步》）

另外还有诸如暴躁而口发狂言，桀骜无礼或赤膊跳奔等放浪形骸的荒诞举动，也大都有着这个原因。

五石散中含有硫化物等毒性成分在内，食后极易性格暴躁。鲁迅因此说：

> 晋名人皇甫谧作一书曰《高士传》，我们以为他很高超。但他是服散的，曾有一篇文章，自说吃散之苦。因为药性一发，稍不留心，即会丧命，至少也会受非常的苦痛，或要发狂；本来聪明的人，因此也会变成痴呆。所以非深知药性，会解救，而且家里的人多深知药性不可。晋朝人多是脾气很坏，高傲、发狂、性暴如火的，大约便是服药的缘故。比方有苍蝇扰他，竟至拔剑追赶；就是说话，也要胡胡涂涂地才好，有时简直是近于发疯。但在晋朝更有以痴为好的，这大概也是服药的缘故。（《魏晋风度及文章与药及酒的关系》）

唐代名士、肃宗李亨的布衣之交李泌，也是因"服铒过当，暴成狂躁之疾，以至弃代"。

由此可见，魏晋名士们或暴躁或口发狂言的狂傲风范，是与服药有一定关系的，并非全都纯出自然。

由于在服药之后除行散以外，尚要饮温酒来借酒力发散药性，于是魏晋名士大多好酒，这个事情大家实在太熟悉，举不胜举，所以就不多说了。但喝酒还曾经喝出这样的事情，据《世说新语》载：

> 桓（玄）南郡被召作太子洗马，船泊荻渚，王（忱）
> 大服散后已小醉，往看桓。桓为设酒，不能冷饮，频语左
> 右："令温酒来！"桓乃流涕呜咽，王便欲去。桓以手巾
> 掩泪，因谓王曰："犯我家讳，何预卿事！"王叹曰：
> "灵宝故自达。"

两汉魏晋时，当面言及对方长辈的名讳是非常犯忌而且无礼
的事情。桓玄也曾手握重兵雄镇一方，此刻虽然失势，但也不可轻
侮。那王忱估计吃了药再喝了酒以后，便假装神志有点不大清醒，
当面屡犯桓温名讳，但是也因他服石之故，桓玄此刻亦不以为忤，
反为对方开解，这样自己不会丢面子，还阻止了他继续攻击自己。
这从另一面说明，在当时那些服药以后所做的不合常理甚至是极其
无礼的举动，通常是会被人谅解，甚至被推许为名士风范的。

另外，为后世津津乐道所推崇的魏晋风度中"扪虱而谈"之从
容风范，系典出王猛〔325—375，字景略，北海剧（今山东寿光）
人。《晋书·王猛传》："桓温入关，猛被褐而诣之，一面谈当世
之事，扪虱而言，旁若无人。"〕，然王猛是不是服药因史无记
载，是以我们不得而知。但在魏晋时期，虱子这个讨厌的东西，倒
确确实实是经常和名士们联系在一起。《世说新语》一则记曰：

> 顾和始为扬州从事，月旦当朝，未入，顷停车州门
> 外。周侯诣丞相，历和车边，和觅虱，夷然不动。周既

过，反还，指顾心曰："此中何所有？"顾搏虱如故，徐
应曰："此中最是难测地。"周侯既入，语丞相曰："卿
州吏中有一令仆才。"

竹林名士嵇康亦服药，在其名篇也可以说是导致他身死的《与
山巨源绝交书》中道"性复多虱，把搔无已，而当裹以章服，揖拜
上官，三不堪也"，又有"心不耐烦"云云，其中的"心不耐烦"
或为托词，但是也不能排除是服药后导致脾气暴躁的后遗症。

如果联系历代医书记载中服"五石散"后的症状，因人的皮肤
不但燥热，而且异常敏感，所以在石发时要穿薄而宽大、未浆洗的
软旧衣，不能穿厚实或者未脱浆的新衣，以免不能散热，皮肤和衣
服摩擦导致不适。那么我们就可以知道对嵇康而言，要他穿着浆洗
干净并且严实的朝服，去揖拜上官，几与酷刑无异，故不堪也。后
来的桓温也有这个毛病：

桓车骑不好着新衣，浴后，妇故送新衣与车骑。大
怒，摧使持去。（《世说新语》）

不过这衣服若是时常不洗，软固然是软了，但是只怕虱子也
因此便在身上繁衍起来。所以当时的名士也就和虱子结下了不解之
缘。魏晋名士由服药导致的不卫生习惯而引发之寄生虫祸害，居然
可以成为后世美谈和追崇的风范，此亦恐是他们所始料不及的。

由此我们也可以知道，所谓魏晋风度那宽袍大袖的飘逸风姿，
只怕一多半也是与这个有关系的。乃因穿厚衣和窄衣，对于服药者

几乎是不堪忍受的，外加药性之燥热，即使是赤身裸体也未必解热，竹林七贤之一的刘伶就经常脱衣裸体在屋中。晋名士兼名医皇甫谧语："又服寒食药，违错节度，辛苦荼毒，于今七年。隆冬裸袒食冰，当暑烦闷。"皇甫谧服食不当，七年下来在冬天还要袒身吃冰来压制，更有"……或暴发不常，夭害年命，是以族弟长互，舌缩入喉；东海王良夫，痈疮陷背；陇西辛长绪，脊肉溃烂；蜀郡赵公烈，中表六散，悉寒石散之所为也"（《寒食散论》），其药性之猛及燥热难耐的程度可见一斑。

倘若照此说来，魏晋名士大袖飘飘的俊逸风度，似乎便不是那样的只有唯美和洒脱了，其中还颇有行散发药的成分在内，这一想于是不免叫人有些遗憾。

然此药的药性如此危险及剧烈，那服食"五石散"的首倡者何晏，他又何以要服用此药呢？

何晏此人除了是魏晋玄学宗师之一，开正始风气之先之外，本身还是个美男子并且好色。《世说新语·容止》："何平叔美姿仪，面至白；魏明帝疑其傅粉。正夏月，与热汤饼。既啖，大汗出，以朱衣自拭，色转皎然。"后人因以"面如傅粉"来形容男子美貌。《三国志》则曰"（何）晏性自喜，动静粉白不去手，行步顾影"，然后又云"（何）晏尚（公）主，又好色，故黄初时无所事任"，皇甫谧亦言其"耽声好色"，这个何晏在娶了公主后还敢四处渔色，色胆不可谓不小，好色之心不可谓不盛。因此此人既是美男子又好色的这个事情，应该是确凿无疑的。而他好色的直接后果，自然便是体虚了，是以皇甫谧才直说他因好色之故才服食"五石散"。

综上所述，他服药的原因主要是两个，不过也可以说其实就是一个原因，即他因沉迷于声色之中，导致身体虚弱，因此服用"五石散"。也就是皇甫谧所说的："……何晏，耽声好色，始服此药"。而在服用以后，由于自觉"心加开朗，体力转强"，效果显著，所以大肆倡导，于是"京师翕然，传以相授"，并且大规模流行起来，终成魏晋名流的一种时尚和象征。

而何晏自己也曾说过："服五石散，非唯治病，亦觉神明开朗。"从这里我们一样可以发现他服药确实不仅仅为了治病，还兼要追求其他诸如"神明开朗"一类的效果。那么这个"五石散"到底是什么，并且都有些什么功效呢？让我们先来看看它的主要成分——五石的药性再说。

据中国中医研究院中医药信息研究所的《中国中药数据》：

石钟乳： Stalactite

功效： 温肺气，壮元阳，下乳汁。

主治： 治虚劳喘咳，阳痿，腰脚冷痹，乳汁不通等。

白石英： Quartz

功效： 温肺肾，安心神，利小便。

主治： 治肺寒咳喘，阳痿，惊悸善忘，小便不利等。

石硫黄： Sulphur

功效： 壮阳，杀虫。

主治： 内服治阳痿，虚寒泻痢，大便冷秘。

赤石脂： Halloysit

功效： 涩肠，收敛止血，收湿敛疮，生肌。

主治：治遗精，久泻，便血，脱肛，崩漏，带下，溃疡不敛等。

紫石英：Fluorite

功效：镇心，安神，降逆气，暖子宫。

主治：治虚劳惊悸，咳逆上气，妇女血海虚寒，不孕。

　　此五味药中，有三味功效是壮阳、温肺肾，主治阳痿等症的；一味功效敛疮、生肌，主治遗精、崩漏等；一味功效安神、暖子宫，主治虚寒、不孕。所以，"五石散"具壮阳及治阳痿的目的和功效是确实无疑的。而其中一味赤石脂尚另有治湿症、敛疮、生肌的作用，因而此药在壮阳治阳痿的同时，似乎还可以用来治身上湿疮、溃疡一类的疾病。至于何晏身上是否有什么因为好色而引起的湿疮或溃疡一类的疾病需要治疗，既然史无明书，我们也就不好妄下推断，所以就此打住。

　　只是由此我想他因"耽声好色"而"始服此药"，然后就"体力转强"，关于这个"体力转强"的内里意思，应该已经不语自明，毋庸赘言了吧。

　　此药既有壮阳、治阳痿之功，而何晏在调整这个方子的时候，不知道又加了些什么其他配伍进去，导致服用此药后，更会性情亢奋、浑身燥热，直欲裸身散热，偏生还必须饮以温酒，并辅以运动出汗来发散其药力。世人皆曰酒能乱性，都已经如此形状，再喝上些温酒下去，之后什么结果自是可以想见的，所以照这么说来，这个"五石散"还有春药的催情之能。

　　而何晏在其后尚说这药有"神明开朗"的效果，皇甫谧也道可"心加开朗"，想这药力固然有安神之效，但于浑身燥热、性情亢奋，急需运动出汗之余，说可以"神明开朗""心加开朗"云云，似乎大有乖背之处，因此这话只怕尚有他意在内，非唯特指神清气朗而言。

于是我们不妨再看看服用"五石散"的另一特性，那就是前面说的，用药后人的皮肤会变得异常敏感，要穿既薄又软而且宽大的旧衣裳，甚至因为发热而干脆不穿。

但试想若是在两情欢悦之时，要是肌肤的触觉敏感异常，对纤毫举动感受莫不强于平时，只怕想来心里当然会觉得"神明开朗"，自是"心加开朗"。如果这么看的话，何晏对此功效倒的确是不可以不说，亦果然不可以谓之不妙，那当时京师因此"翕然，侍以相授"的轰动情形，并能在旦夕之间就成为时尚，也就不足为奇了。

现在我们就能全面、综合地描述"五石散"的功效了，并可以这样来概括：首先它有壮阳、强体力、治阳痿，也许还有少许治疗湿疮、溃疡的功效，并在服用后可以让人性情亢奋、浑身燥热，肌肤的触觉变得高度敏感，要用食寒食、喝温酒、脱衣裸袒、运动出汗等方式来发散药力。

唐代孙思邈也在他的《备急千金要方》开篇的卷一就说"有贪饵五石，以求房中之乐"，由此也可以知道，魏晋名士们纷纷服食的"五石散"或者叫"寒食散"这个玩意，至少到唐代以前，也的确是被当作房中药，也就是春药和壮阳药来用的。

实际上由于东汉末年的频繁战乱和动荡的历史大背景，最后导致为之一变的建安风气以及曹魏正始年间玄学的兴起，从此人们便开始名正言顺地用理性的眼光，去审察、去批判过去的一些道德观和世界观，因此"名教"和"自然"的关系成为当时玄学家们的重要论题。与何晏并为玄学宗师之一的王弼，提出了"崇本息末论"，强调人的朴素情感和自然本性，而嵇康则更是明确地提出了"越名教而任自然"的主张。在玄学理论的强盛影响下，一些知识分子首先接受了这种观念，开始强调人的真情实感、自然之性和个性，在一定程度上摆脱了以前名教经学的桎梏及名利的束缚，加上门阀制度的盛行，使他们可以因"散发"抗命或者犯忌，也可以居丧饮酒或者傲慢无礼。服散后的种种放荡行为，一方面因为有服药这个借口，一方面也因为思想的转变，已经不再被视为违犯旧有的道德规范而受到指责。

基于这样崇尚人性和自然的大前提，追求声色也是自然而然，而且是必然的事情。

因此我们可以说魏晋名士们在追求人性和自然，道德和思想解放的同时，也在开怀追求着肉体上的解放。所以名士们大规模地服用"五石散"或者其他类似的药石，固然有追求长寿养生的成分，但是也不能否认还有将其作为壮阳药物来获取性快感的目的在内。

率性追求美色以及两情相悦、鱼水之欢，而且还大声说了出来的，最著名的大约要首推名士荀粲，他好道精玄学，"常以为子贡称夫子之言性与天道，不可得闻，然则六籍虽存，固圣人之糠秕"。在他看来，既然孔子关于人性天道的谈论没有流传下来，那六籍虽存也是圣人之糠秕，他因此而直言六籍是垃圾，则斯言诚足以骇世。同时他公开宣扬"妇人者，才智不足论，自宜以色为主"或"妇人德不足称，当以色为主"，更是把原先关于妇德的那一套标准丢到了九霄云外。

骠骑将军曹洪的女儿有美色，荀粲登门求娶，回来后在家中"容服帷帐甚丽，专房欢宴"，两人甚是欢爱。他对曹氏的美色沉溺之极也疼爱之极，至于"冬月妇病热，乃出中庭自取冷，还以身熨之"。后来曹氏不幸病故，他思念过度而神伤，傅嘏问其原因道："妇人才色并茂为难。子之娶也，遗才而好色。此自易遇，今何哀之甚？"他回答说："佳人难再得！顾逝者不能有倾国之色，然未可谓之易遇。"最后竟然因为痛悼不能已，一年后亦亡故，时年仅二十九岁。（《三国志》裴注附《荀粲传》。）

此间记载的事迹和谈论固然能说明荀粲对女人首先要求的是美色，但是仔细分析，实际远不止此。曹氏死后，傅嘏说妇人才色并茂的确很难，但是你娶妇不求才而只好美色，这样的女人以后应该很容易遇到，何以哀伤至此？此话说得极有道理，以荀粲名门世家的门第和才名，找个美女的确不是难事。并且傅嘏亦名士，他既然说不是很难，想来非虚。而荀粲的回答却颇耐人寻味，当头先来一句："佳人难再得"然后道其原因，说就算死去的曹氏不能算倾国姿色，但确实不可以说是容易遇到的。

这样问题就来了。傅嘏以为曹氏的姿色并不是很难才可以找到的，而荀粲也承认曹氏没有倾国之色，那么也就是说，如果光以美色的标准而言，两人都认可了似曹氏姿色者是可以"复遇"的。然则，荀粲先前一句"佳人难再得"的决绝，以及后来说的"未可谓之易遇"，似乎就不好理解并且是互相矛盾了。

人所共知荀粲夫妇二人感情极好，似乎不用多说，而古人用词一向又是很讲究的。荀粲既云"佳人难再得"，当非仅指两人情感甚笃，显是别有所指，照前事推断，应该直指与曹氏的闺房之欢才对，如此便很容易解释为何荀、傅二人都认为如曹氏姿色者"易遇"，而荀粲又独言"佳人难再得"和"未可谓之易遇"了。

身为美男子的潘岳行洛阳，少女少妇莫不连手共萦之以示爱慕；到贾充女儿看见韩寿美貌便发于吟咏，婢女告韩寿，韩寿闻而约期，期至竟自逾墙便宿于贾充女儿房中；至于身为晋武帝姨妹的蒯氏，因妒忌而骂了丈夫孙秀，孙秀遂"不复入房"，蒯氏无奈求救于武帝，最后在武帝斡旋下孙秀才入房与她"为夫妇如初"（《世说新语·容止》：潘岳妙有姿容，好神情。少时挟弹出洛阳道，妇人遇者，莫不连手共萦之。左太冲绝丑，亦复效岳游遨，于是群妪齐共乱唾之，委顿而返。《世说新语·惑溺》：韩寿美姿容，贾充辟以为掾。充每聚会，贾女于青璅中看，见寿，说之，恒怀存想，发于吟咏。后婢往寿家，具述如此，并言女光丽。寿闻之心动，遂请婢潜修音问。及期往宿。寿蹻捷绝人，逾墙而入，家中莫知。自是充觉女盛自拂拭，说畅有异于常。后会诸吏，闻寿有奇香之气，是外国所贡，一着人则历月不歇。充计武帝唯赐己及陈骞，余家无此香，疑寿与女通，而垣墙重密，门阁急峻，何由得尔？乃托言有盗，令人修墙。使反，曰："其余无异，唯东北角如有人迹，而墙高非人所逾。"充乃取女左右婢考问。即以状对。充秘之，以女妻寿。《世说新语·惑溺》：孙秀降晋，晋武帝厚存宠之，妻以姨妹蒯氏，室家甚笃。妻尝妒，乃骂秀为"貉子"，秀大不平，遂不复入。蒯氏大自悔责，请救于帝。时大赦，群臣咸见。既出，帝独留秀，从容谓曰："天下旷荡，蒯夫人可得从其例不？"秀免冠而谢，遂为夫妇如初。）。从这些我们都可以发现，魏晋时期非独男士在追求本能上的解放，女士们也一样大胆地在用她们自己的方式，追求和表达着对人性自然的欢欲之爱。如此则若曹氏们通房中术，亦不足为怪。

另外一点比较有趣的是，当时那些作为统治者的重臣甚至是皇帝，对曹氏和蒯氏们表现出来对情欲追求的态度，是相当宽容甚至是支持的，这个似乎在历史上还是比较罕见的。

前面说到的贾充，晋时权重一时，他女儿和韩寿共宿后，欢爱之情溢于言表，贾充先发现她"盛自拂拭，说畅有异于常"，后来又从韩寿身上香气，发现他女儿与韩寿私通，在落实这个事情以后，贾充干脆不露声色地装作不知道，把女儿嫁给了只是他手下小吏的韩寿。

而晋武帝姨妹蒯氏原本就是因为妒忌小妾得宠，才骂了孙秀，而孙秀也做得比较绝，从此就不入她的房。那蒯氏在过了一段独守空房的寂寞时光后，颇为自责后悔，比孙秀绝的是她竟然因为这个，就去找了当今的天子来帮忙，而晋武帝比他们更绝，居然还真的答应了，于是便"独留秀，从容谓曰：'天下旷荡，蒯夫人可得从其例不？'"联想后来孙秀和蒯氏的"为夫妇如初"，则晋武帝此问非但问得极为机智和风趣幽默，他对孙秀说话的那个"从容谓曰"的态度，更当叫人为之绝倒，实在让人觉得可爱之极，比之现在颇有些多的假道学，真正是可爱了不知多少。

这篇文章是看了鲁迅先生的《魏晋风度及文章与药及酒之关系》后，独自想想觉得有趣，于是一时兴起，再东拉西扯了几下子，聊以自娱。

蝴蝶效应引爆世界大战

文/石炜

东欧剑火传

从奥匈帝国皇储遇刺到第一次世界大战全面爆发，将近两个月的时间，正好横跨了一个暑假的长度。在这个暑假的最后几天，就像学生狂赶假期作业一样，有关各国的宣战照会纷至沓来，战争规模像滚雪球一样不断扩大着。

但饶是如此，各个国家的元首都信誓旦旦地向本国民众和士兵担保："战争在树叶落下之前就会结束。"（德意志皇帝威廉二世语）不管事实如何，反正大家都信了。在一派狂欢的气氛中，整个欧洲数百万大军、几千万人口就这样开始了规模空前的大集结。

德意志帝国（以下简称德国）就像战前反复预演的那样，在最短的时间里将军队从76万人扩充成200万人的庞大军队，拥有87个步兵师、11个骑兵师。其在东南欧的盟友奥匈帝国则动员了130万人，包括47个步兵师和11个骑兵师。与德国和奥匈帝国庞大军事机器对峙的则是法兰西第三共和国（以下简称法国）、俄罗斯帝国（以下简称俄国）和塞尔维亚三国，法国以不亚于德国的效率，在30天里完成了180万人的动员入伍工作，97个步兵师和10个骑兵师齐装满员地出现在德法边境上跃跃欲试；孤悬东南一隅的塞尔维亚，刚刚经历了两场巴尔干战争，能力极为有限，仅东拼西凑出一支25万人的军队。规模最为庞大的是俄罗斯，一下子拿出了350万人的军队，包括114个步兵师和36个骑兵师。他们还表示，如果战争需要，他们还能动员其更多的人投入战场。最袖珍的部队是英国派往法国的远征军，他们装备精良、训练有素，但唯一的缺点就是——只有5个师。但这对法国来说已经足够了，因为只要有一名英军出现在战场上，对于法国来说，就意味和有了一个足够广阔有力的坚强后方。

先撇开主战场不提，在战争的发源地奥匈帝国，战争带着出人意料的喜剧色彩登上了舞台——奥匈帝国高超的指挥技巧和蠢笨若猪的战争能力相结合，会结出什么样的成果呢？

烽烟巴尔干

第一次世界大战的序幕在多瑙河上拉开，隆隆炮声中，磨刀霍霍的奥匈帝国大军杀向塞尔维亚，意图教训一下这个不知天高地厚的小东西，让其明白谁才是东南欧的霸主。但半年的战争打下来，不知道是谁教训了谁。

作为世界上流经国家最多的河流，发源于德国黑森林山区的多瑙河全长2 850千米，流域面积80万平方千米，波平浪静，河宽岸阔，是欧洲最为重要的国际航道。多瑙河北接德国，中联塞尔维亚和奥匈帝国腹地，下游经过塞尔维亚和罗马尼亚之间水流湍急的铁门峡谷，直通浩瀚的欧亚文明重要发祥地——黑海。

第一次世界大战中，多瑙河作为一条天然的战线，无形中成了连接德国、奥匈帝国及奥斯曼土耳其帝国三个同盟国家的纽带，这里的战斗因此格外惊心动魄。

1914年7月28日，奥匈帝国向塞尔维亚宣战后刚刚几个小时，奥匈帝国多瑙河区舰队的3艘浅水炮舰便对多瑙河南岸塞尔维亚首都贝尔格莱德附近的战略要地发起了炮击。深夜里，巨大的爆炸声将贝尔格莱德的市民从睡梦中惊醒，面对城郊的熊熊烈焰以及多瑙河上不时发出的火光，所有人都明白了一个事实：战争爆发了。但事实上，多瑙河上舰队的炮击只是佯攻，真正的杀招在塞尔维亚王国的另一边。

塞尔维亚西部与奥匈帝国的波黑地区相邻，波黑总督奥斯卡将军兼任巴尔干集团军司令一职，手下拥有第五集团军、第六集团军，兵力高达27万人，此刻他踌躇满志，志在必得，因为敌人太弱了。塞尔维亚兵力本来不算弱，但经过两次巴尔干战争后，兵员损失巨大，还来不及补充就赶上了新的战争，因此奥匈军团一旦大军压境，塞尔维亚处境极其不妙。

幸运的是，奥斯卡人如其名，演戏似乎更适合他的身份，真枪实弹的战争对他来说就显得太艰涩了。他不等兵力全部到位，就急急忙忙地发动了进攻。按照他的说法，他是想赶在8月18日老皇帝佛朗茨生日庆典之前用一场胜利给皇帝交一份厚礼。而后人对此的解读是，在萨拉热窝街头普林西比射向斐迪南王储夫人索菲的那颗子弹，原本是为他预备的，他因此既惭又恼，决心化悲痛为力量，以实际行动向奥匈帝国交一份满意的答卷。

对于奥斯卡的这份志在必得，奥军总参谋长康拉德完全赞成。为了给奥斯卡司令壮壮声色，他还下令把原本用在加利西亚一线对抗俄军的第二集团军12个师约16万人的兵力临时抽调给奥斯卡的巴尔干集团军，按照他的想法——用牛刀杀鸡焉有不胜之理？只要有10天的工夫，第二军就能配合奥斯卡的大军把塞尔维亚打趴下，然后全军主力通过铁路线运输北上抗击俄军。

集中优势兵力聚歼敌人一部，然后采用运动战包抄围堵另一部分敌军，这是我军指战员在解放战争、抗美援朝战争中屡试不爽的制胜法则，但其成功前提有二：一是部队要有跟得上的"铁脚板"，否则指挥员立意再高远也白搭；二是要对敌人情况有明确的判断，容不得半点偏差。而恰恰就在这两样上，康拉德掉了链子。

英国著名史学家李德·哈特在其描写第一次世界大战的史学名著《大战真相》中对康拉德有过如此评判："在当时欧洲，没有人比奥匈帝国军事领袖康拉德·冯·赫岑道夫为战争付出更多心力，也没有人比他更盼望战争。在所有各国军事领袖中，他也许是最具才华的战略家……具有机动观念与果敢行动的天分。他的战略兼具艺术家的气质与杂技演员的技巧……当然它（康拉德的战略）也有最糟的一面，它无法辨识物质因素在现代战争中的价值。康拉德虽然欠缺战术现实感，手头的工具在本质上又不适于现代作战，但他仍企图展现战略绝技，当工具在现代战争压力下为之弯折之际，他却一味在工具上加压，直到工具毁于他手中为止。"

通俗点说，就是小姐的身子丫环的命。

康拉德就是战前死说活说非逼着老皇帝佛朗茨向塞尔维亚下最后通牒的那位，此公一辈子都想通过一场空前绝后的胜仗来使自己像拉德茨基等奥地利前辈那样建功立业、青史留名，职业生涯的末尾，好不容易盼到不开眼的塞尔维亚撞到枪口上，可不得使出吃奶的力气吗？

第一次世界大战前，康拉德非常了解德国先西后东的战略部署——如果俄法同时向德国宣战，那么德国将利用俄国幅员辽阔、兵力动员调动缓慢的劣势，在东普鲁士一带只留少数牵制性部队，大部队要按照德国统帅部早就拟定好的"拂袖海峡"战略，从德法边界的北段经过荷兰、比利时这一法国防守稀松的区域迂回包抄法军的后侧，直抵巴黎。等打赢法国后，再利用德国发达的铁路网络将百万大军回调到东线，给俄军迎头痛击。

在这个大战略的背景下，为德国提供侧翼掩护的奥匈军队其实只需要守住加利西亚一带就可以，因为这里山区连绵、沼泽密布，极不适合大兵团作战，俄军也不会蠢到没逮到德军主力前就主动分兵攻击奥军这一地区的程度。

乖乖等着敌人来进攻，这哪是天才将领的所为？康拉德没等盟友小毛奇确定下来德军东援的具体计划，就满口应承下在加利西亚攻击俄军的重任。现在，奥匈帝国必须要在东边和北边两线作战，眼下的态势，正好使他的大战略派上了用场。

在奥匈帝国的北线临近加利西亚一带，康拉德下令3个集团军一字排开，一边搜索一边向正在集结的俄军发起攻击；奥匈帝国的东线临近塞尔维亚一带，他不仅同意了奥斯卡两个集团军不必集结完毕就发动进攻的计划，甚至还抽调了北线的第二集团军来增强东线的优势。看上去，这和德国的拂袖海峡战略不仅有异曲同工之妙，甚至有青出于蓝之势——德国是先西线再东线，集中优势兵力打败较弱的敌人，再与强敌周旋，而奥匈帝国则是北线东线同时开打，中间则利用内线作战的优势调动部队大打运动战，百万雄师两线同时出击，这气势、这战略，比德国强多了。

战略虽如此，但康拉德在办公室里制订此计划时，显然没有考虑到奥匈帝国军队的现实情况，更没有对奥匈帝国境内千疮百孔的铁路运输体系进行过细致的考察，一旦实施，悲剧就降临了。

德国为了这场战争进行了几十年的预演，因此他们有精确到每一分钟的铁路运输时刻表、细致到士兵每件物品需要何地何时进行补给的计划，因此才有战术实施的可能，而奥匈帝国实现这一切全凭康拉德那个天才的大脑。

奥匈帝国的火车只有不到10千米的时速，仅比士兵徒步行军快一点点。

由于动力不足、车头老化，每列火车只能加挂50节车厢，而不是预想的100节。

由于制订计划时显然忘了军列上的那些士兵还要吃饭这件事，军列上既没有餐车，也没有准备便携式军用口粮，因此作为临时性的补救措施，列车每隔几小时就要找地方停靠，以便士兵们下车埋锅做饭。

更悲剧的是，奥匈帝国的铁路系统从没有进行过战时适应性演练，铁路工作人员此前只和游客、货物打过交道，哪见过运兵这阵势？手忙脚乱之际，差错频出，一位站长硬是打错了信号灯，导致8列军列耽误了好几个小时，这位站长自知罪责难逃，只好自杀谢罪，结果火车站群龙无首，又导致了更大规模的瘫痪……

在康拉德的不断催逼下，乱成一团的奥军终于开始了军事行动。第二集团军的一个师强渡萨瓦河，攻入塞尔维亚境内，10天后，第五集团军的两个师也磨磨蹭蹭到达预定位置，其他部队也陆续到达前线，康拉德终于可以一展身手了，可这时塞尔维亚军队早就做好了防御准备。

采尔山要塞控制着通向塞尔维亚腹地的道路，奥军要想长驱直入，必须拿下塞军依山采石建筑的这一连串防线。于是，20万奥匈大军向塞尔维亚守军发起了开战后最大规模的攻势。但康拉德有所不知的是，在奥军走走停停、磨磨蹭蹭的这段时间里，塞军前线已经集结了18万人，双方人数相差无几，塞军主场作战，以逸待劳，又掌握着居高临下的优势，主力还是全军装备最精良、历经了两次巴尔干战争后战斗经验最丰富的第二军。

整整4天时间，奥匈军队前赴后继，向山上的要塞发动了一次次冲锋，都徒劳无功，结果损失了2.5万人之多，被迫停止了攻势。采尔山战役是协约国在第一次世界大战中取得的第一场胜利。

随后，塞军乘胜追击，发起了旨在将奥军赶过边境线的突击攻势，结果被奥军所阻，6 000多人阵亡。双方在这一带陷入了胶着状态。而对康拉德来说，僵持就意味着死亡，因为他派过去的第二集团军是从北线借调过来的，如今伤亡惨重不说，还被塞军死死咬住，很长时间难以动弹。

就在双方筋疲力尽之时，奥匈帝国北边传来了康拉德担心了很久的战报——俄国人要打过来了。

加利西亚的"三岔口"

战争之初，在康拉德看来，死守一条防线是愚不可及的犯罪行为，而用固定兵力来死守一条防线，则是要下地狱的渎神行为。可在强大的俄罗斯压路机面前，康拉德的信仰崩溃了……200万大军，一个月的衔尾互逐，让奥匈帝国和俄罗斯双双体验到了战争的苦味。

恰在此时，康拉德在北线的两个集团军也向俄军发起了攻势，10万骑兵在200千米宽的正面向俄罗斯草原的方向展开了游行式的侦察行动，结果被集结待命的俄国步兵当活靶子打得不亦乐乎。灰头土脸的奥军撤回来后，总算开始打算防御了，结果又和同样找不着敌人在哪里的俄国大军撞了个正着。

这是一场误判连着误判的战役，双方的指挥官都受制于己方拙劣的情报搜集工作，只好依托于偶尔获得的一鳞半爪的不可靠情报再加上自己大量的想象，结果可想而知。

俄军西南方面军总司令认为奥军主力在利沃夫，于是把手头的4个军团120万人以利沃夫为目标全部展开，扑了上去。实际上，奥军主力还再利沃夫以西200千米远。谁知，奥军一方也做着同样的大梦，他们通过一份错把几百俄国骑军算成是一个集团军的情报，认为俄军主力就在卢布林、海乌姆一带，也打起了全歼敌人的算盘。于是奥军的五六十万大军也应声而动，围绕着想象中的敌人主力，或主攻、或包抄。结果，双方都陷入了大规模的混战当中，令人惊恐万状的遭遇战层出不穷。

一开始，俄军最前沿的第四军团向南运动，想包抄幻想中的奥军后路，没想到却和奥军主力第一军团撞个正着。8月18日，俄第四军团和奥军第一军团首先遭遇。经过几天恶战，俄军第四军团被迫退守卢布林以南。

紧接着，奥军第四军团又撞上了俄军第五军团，俄军一番混战后不得不退守海乌姆西南一线。从南路向利沃夫挺进的俄第三军团和第八军团迎面也撞上了奥军第三军团，不过，相对于前两支部队，这支俄军实力最强，拥有约50万兵力，而其面对的奥军第三军团仅14个师、20多万人。俄军挫败敌人攻势后，强渡格尼拉亚利帕河，于9月3日占领加利西亚重镇利沃夫，至此该战役才露出点眉目。

整整一个月的时间，双方近200万大军、5000门火炮，在维斯瓦河与德涅斯特河之间宽达400千米的战场上互相追逐。

作为第一次世界大战爆发以来最大规模的战役，这是一场任谁也无法说清楚的乱仗。俄奥两国的统帅也好、部队也好、战略也好，情报的缺失情况、指挥的拙劣程度大致相仿，都是盲人骑瞎马式的乱撞乱摸，谁也摸不清对方的主力在哪、企图是啥，双方都想咬住对方的尾巴，却又频频把自己的尾巴亮出来让对方追赶。

1914年夏末初秋的加利西亚大原野上一片泥泞，到处是倒毙的牲口和发臭的尸体，穿灰色军装的俄国士兵与蓝色制服的奥匈帝国士兵就像是两群没头苍蝇一样，在这片烂泥中爬进钻出着。

整整一个月的时间，十几万平方千米的原野，200万晕头转向的大军，一场规模空前的"三岔口"战役，俄奥前线的军人就在这乱成一团的指挥下晕头转向地打着各种各样千奇百怪的遭遇战。最终，这场战役以俄军凭借人数的优势迫使奥军不得不撤出战区而告终。

是役，双方伤亡约70万人。其中奥军伤亡30万人，10万人被俘，损失大炮约400余门；俄军伤亡20万人，4万人被俘，损失大炮约

100门。奥军主力虽然避免了被俄军优势兵力通吃的命运，但也基本被打残了，从此彻底丧失了单独向俄军发动进攻的能力；而俄军此战也损失惨重，其扑向东普鲁士的军队被奥军以血流成河的代价消磨殆尽。

这是一场乏善可陈的战役，但作为开战以来的首场大规模会战，加利西亚之战仍留下了许多值得我们回味的经典瞬间，甚至是划时代的首创。

在此之前的战争中，炮兵都作为一个特殊的兵种单独使用，而在这场战役后期，俄军开创了炮火支援步兵冲锋的先河。在戈罗多克战斗中，俄军根据以往的经验和教训，对炮兵火力进行了重新部署，火炮密度为每千米5~8门，步兵团第一次拥有了自己的专属火炮支援单位——炮兵连，步兵第一次在有火力掩护的情况下发起攻击，伤亡因此大幅度下降。这一现代作战方式从此一直沿用至今。

此战俄军虽然占有兵力优势，并最终获得了胜利，但俄军也因指挥拙劣、行动迟缓而饱受诟病。特别是战役末期，明明奥军已溃败，但俄军西南方面军统帅伊万诺夫仍认为敌人还在与其对峙，因此整整两天时间俄军按兵不动，眼睁睁看着丢盔弃甲的奥军撤退。最后，虽然伊万诺夫在尼古拉大公的强令下勉强出击，却畏首畏尾，在毫无阻拦的情况下3天时间仅推进了20余千米——这一距离只相当于惊弓之鸟般的奥军半天的行程。

纵观俄奥两军在第一次世界大战开始阶段的表现，可谓半斤对八两。俄军的主力是90%都是文盲、被西方轻蔑地称为"灰色牲口"的农奴大军，尽管骁勇善战、吃苦耐劳且人数众多，但低下腐朽的指挥体系、落后的装备和恶劣的补给，严重制约了这台战争机器威力的发挥。

奥匈帝国的相关情况比俄罗斯好不了多少，甚至要更糟。

俄罗斯军队早就装备了比较现代化的莫辛纳干步枪，该枪作为世界名枪，精度好、射程远、杀伤力惊人，在二战后进行的朝鲜战争、越南战争及热点地区冲突中屡屡现身，个别地区甚至一直使用到21世纪。最关键的是，这枪一次能装填5发子弹。而奥地利虽然早就扔了1866年普奥战争中让普鲁士人笑掉大牙、让佛朗茨皇帝恨得牙根发痒的前膛枪，但那时痛定思痛所装备的后膛步枪居然一直使用到了1914年——一次只能装一发子弹，且膛线打不了几枪就会磨平。

俄军再怎么腐败，毕竟全军上下都说一种语言。可由十几个民族组成的奥匈军队光语言就十几种，据说只有皇帝一个人能通晓所有这些语言，但让老皇帝一个人来指挥这么多军队也不靠谱啊？所以，战前的奥匈军队就采用了如下的分类方法，他们把从帝国非匈牙利地区征来的士兵统一划入奥地利团，由讲德语的军官来指挥，这部分士兵除了奥地利本土的日耳曼人外，还包括波西米亚的捷克人、斯洛伐克人，加利西亚的波兰人、塞尔维亚人及说意大利语的意大利人。而从广义的匈牙利地区征召来的士兵则统一划入匈牙利团，由讲匈牙利语的军官来指挥，这可不限于目前众所周知的匈牙利这一块地方的兵源，士兵中还包括罗马尼亚人、克罗地亚人、斯洛文尼亚人、希腊人、意大利人、乌克兰人等。这种情况在战争初期达到了巅峰状态，甚至连排长都无法搞清该怎么向自己手下那些鬼才知道从哪里搜罗来的士兵发布命令。

最搞笑的是，战前奥匈帝国拥有世界上最优秀的兵工厂——斯柯达兵工厂，能够生产几乎任何种类的大炮及炮弹，且产量极高，但战前雄心勃勃的康拉德显然忘了让兵工厂为即将爆发的战争做好准备。兵工厂根据总参谋部关于大炮在战时不易损坏因此应多生产炮弹的指示精神，狂造炮弹，限产大炮，结果巴尔干战争刚一爆发，奥匈军队不到一个月的时间仅在加利西亚前线就丢失了400门大炮。斯柯达兵工厂赶紧转产大炮，却由于协约国的封锁，各类物资不齐全，根本无法满足前线的需求，以至到了第一次世界大战后期，奥匈帝国连博物馆里的古董大炮都搜罗到了前线。

最致命的是，奥匈帝国缺乏一个正常国家所需要的大战略。与俄国一样，双方庞大的军队就像是两个目不能视、耳不能听、心智失常的老者，但俄国毕竟还有一个西进抗德以缓解西方盟友压力的大战略，而奥匈帝国呢？尽管老态龙钟，却还要学小伙子翻跟头、耍倒立，焉有不败之理？同样是援助盟友，奥匈帝国完全可以依托喀尔巴阡山的有利地形就地防御，形成东攻北守的战略格局。这样一来，西进的俄罗斯必然会有所顾忌，不敢使出全力去攻击东普鲁士，东线对塞尔维亚的战役也会顺利很多。而奥匈帝国所采用的方式却是以进攻对进攻，以运动战对运动战，这样一来优势丧失了不说，而且还白白消耗了大量的有生力量

加利西亚战役对于奥匈帝国和康拉德来说，是一场令人痛心的战事。奥匈帝国永远失去了加利西亚这片丰饶的土地，同时失去的还有几十万最精锐的部队、在战争刚一开始时给塞尔维亚致命一击进而结束战争的机会，以及战前康拉德那定乾坤、安社稷、立功名的雄心壮志。正如时评所言："康拉德用兵如耍把戏，同时抛耍几个瓶子，结果一个个全被他打破了。"

有人说，康拉德错生在了奥匈帝国这个民族众多、疲惫不堪

的老人国家，如果他的智谋应用于德国，势必将创造经天纬地的奇迹。但历史是不容假设的，而影响历史的天才们，唯一的准则就是要因地制宜、因国制宜，而不是沉湎于不着实际的天马行空中——哪怕是天神降世，在横扫千军之前，他也要看看手中的武器是百炼的精钢之刃还是纸糊的长矛。

不过，康拉德的沉寂并没有持续多久，作为奥匈帝国主战派中的头面人物，他和他的帝国，在接下来的故事中，还将有"上佳"的表现。打开了通道，肃清了侧翼的俄军开始源源不断地向计划中的目标——德国的东普鲁士前进，浩浩荡荡的灰色大军在秋意已显的加利西亚原野上滚滚西去。

我们身后就是贝尔格莱德

奥匈帝国的雷霆之怒，令整个东南欧都处在风雨飘摇之中，没有人知道奥匈帝国庞大的实力施展开来会造成什么样的后果。但唯一知道的是，奥匈帝国这个巨人，正被塞尔维亚小巧的军队阻击在离边境不远的山区里，动弹不得。

1914年的各个战场充满了各种忙乱和差错，就像史学家所说的那样，战争中的双方总会有一种身处迷雾的焦虑感，他们不知道对方在哪里，对方在想什么，而一旦走出迷雾迎接他们的又将是什么。无论是德国、法国还是俄国、英国、奥匈帝国，他们在1914年都犯下了程度不一的错误，也尝到了失败所带来的苦辣酸甜，而唯一保持不败战绩的，却是战前丝毫不被人看好的塞尔维亚。为了维持这支只有20多万人的部队，整个塞尔维亚已经被彻底掏空了。

德里纳河防线被奥军突破后，塞军没有像其他战场的军队那样死守不退，而是聪明地选择了退守第二防线，在采尔一带的山区，继续依托有利地形和简陋的工事与敌周旋。在这里，为了抵御奥军的炮火，塞尔维亚军队率先使用了一种日后会臭名昭著、天下闻名的新式战法——堑壕战。

据说，一开始谈到这个话题时，这种新式战法遭到塞军内部的强烈反对。他们认为在奥军的强大火力下，让一支正规军放下武器去捡起镐头和铁锹，对这些百战余生的军人来说，是一种极大的侮辱，况且在重炮轰炸下靠挖坑挖掩体是解救不了一整支军队的，军队会在炮火重创下消耗殆尽。但塞军统帅普特尼克元帅力排众议，下严令让各个部队投入到挖坑道的土方作业中去。

军官们的担忧不无道理，在堑壕战过程中，塞军的弱点暴露无遗。几乎每天都有100多人死于奥军的炮火轰炸之下。同时，随着秋季的到来，塞军传统的军鞋既不防潮又不保暖，在堑壕中根本无法保护士兵的双脚，很多士兵因此得了日后被称为堑壕足的疾病，非战斗减员大量增加。除此之外，塞军士兵和日后所有在堑壕中呆过3天以上的士兵一样，恨透了这种把活人放置在土里的工事，无论外面的天气如何，里面永远是阴暗、潮湿的，而且老鼠成群，肮脏不堪。

但所有人都无法忽视的事实却是，堑壕虽然让士兵们怨声载道，但却有效地保护了火力处于弱势一方的有生力量，特别是成千上万的士兵把自己的单兵掩体连接成四通八达、功能齐全的地下营地之后，与炮火纷飞、死亡无处不在的地表相比，这里简直就成了天堂。仅此一点，就足以让这种战法在日后的法兰西平原、东欧平原、阿尔卑斯山战线四处落地开花，甚至在战后也以各种形式延续下去——朝鲜战争后期的上甘岭战役，中国志愿军就是凭借优秀的坑道作战抵消了美军的空中和地面炮火优势。

在堑壕战过程中，聪明的塞尔维亚士兵还发明了许多特殊的战法，比如偷偷摸到奥军的前哨基地前埋下地雷，等奥军发起冲锋时再从容引爆，看着那些戴着标志各民族身份的帽子的奥军士兵飞上天空。

随着战局的发展，塞尔维亚薄弱的工业基础终于成了前线战事难以为继的短板。与雄心勃勃的民族自豪感相比，塞尔维亚的工业基础薄弱得可怜，全国仅有一家兵工厂能生产炮弹，且日产量不超过100发。法国以前援助的军火物资，在前两次巴尔干战争中已消耗大半，而第一次世界大战的仓促爆发，使得塞尔维亚从上到下都没有做好打一场持久战争的准备。随着战事的拖延，连单兵武器都出现了短缺，士兵只能使用以前缴获自土耳其人和保加利亚人的破烂步枪，甚至农民农闲时打猎用的猎枪也派上了用场。

11月初，在加利西亚的惨败中缓过劲来的奥匈帝国军队，集结了45万大军，向塞尔维亚发起了第二次猛攻。弹尽援绝的塞军放弃原有阵地，退到科卢巴拉河一线，他们身后就是首都贝尔格莱德。但此时，塞军已经在前线连续作战了3个月，战斗减员加上如期而至的伤寒、痢疾等疾病，部队减员非常严重。

为了避敌锋芒，保存有生力量，让士兵获得宝贵的休整时间，塞军总参谋部断然下令，放弃贝尔格莱德。

国家无论大小，首都往往都只有一个，丢掉首都，意味着决策集团要承受巨大的痛苦和压力。因此，为了保存有生力量，未经一战便放弃首都，这在古今中外对任何国家来说都是难以承受的灾难。

俄罗斯在1812年的那个冬天面对法国拿破仑的优势兵力也曾做出过撤离首都莫斯科的决定，如果不是如期而至的严寒和大火让拿破仑大军土崩瓦解的话，放弃了首都的沙皇政权将会在最快的时间里逐渐瓦解。

因此，能够做出弃都决定，既需要远超常人的勇气，也需要非凡的智慧与自信，更需要军民的高度团结。

在隆隆炮声中，塞尔维亚开始了艰苦卓绝的弃城之战。

为了给后方撤退争取时间，前线塞军紧紧咬住杀气腾腾、志在必得的奥军前锋，使得奥军眼看着贝尔格莱德就在眼前，却整整一个星期不能前进一步。离前线不到10千米的首都，一辆辆汽车、马车组成的长龙将贝尔格莱德的一间间工厂、医院、银行、议会和学校搬迁到东南部的山区里，留下的则是一个小国的铮铮铁骨。

12月2日，奥匈帝国的军队终于如愿以偿地进入了贝尔格莱德，尽管这里离奥匈帝国最近的边境线不过区区一条河的宽度，但他们却为了这几千米的距离，付出了10多万人的伤亡、3次大规模的败仗、4个月的时间以及一个强大帝国的威风扫地。

搏击中，缩回拳头，是为了下一拳能打得更狠。

经过短暂的休整，塞尔维亚很快调整了前线的兵力，于12月3日从南北两个方向发起了绝地反攻。塞尔维亚第一军于12月5日攻克了奥第六军大本营所在地苏沃博尔山；12月12日，塞尔维亚第二军也开始发动了反攻，一举从奥军手中收复了贝尔格莱德。

这场由奥军发起的、以塞军反攻得胜告终的战役史称科卢巴拉战役，至今仍是塞尔维亚人的重要纪念日。尽管在世界战争史上名不见经传，但此仗却是以小博大、以弱胜强的典范，更是第一次世界大战开始以来协约国在各个战线上所取得的最辉煌的胜利。塞军以区区25万人对抗奥军50万大军，以损失20万人的代价，取得了歼灭敌人30万人、收复了几乎所有失地的大胜。

北线损失40万人，东线损失30万人，开战以来两线出击、两线大败的奥匈帝国终于掂量出了自己的斤两，不敢再进攻了，撤换了心比天高命比纸薄的前线司令奥斯卡，换上了老成持重的欧根·斐迪南大公。此公一上任，就乖乖地学塞尔维亚人的样子也开始掘壕固守。

战线的另一侧，塞尔维亚虽然取得了巨大的胜利，但也是损失惨重。开战仅不到半年，该国已经将几乎所有的男性派上了战场，并付出了伤亡及被俘20万人的巨大损失，这对于一个人口不过300万的小国而言，早已超过了他们的承受能力。加之军火物资消耗殆尽，当年冬天斑疹伤寒大规模流行，塞尔维亚也无力再战。

1915年，当德、奥、保等国60万大军第三次兵临城下时，塞尔维亚已无力再战，但他们没有选择投降，而是在协约国帮助下，将所有能作战的青年男性转移到了协约国位于萨洛尼卡的防线上，协助希腊人抵御敌人从自家国土上发动的攻势。作为协约国中最小、最弱的一员，塞尔维亚人毁家纾难的气势与决心也得到了各国由衷的尊重。

1914年的冬天，奥匈帝国和塞尔维亚就像是两个体量悬殊却打成平局的拳击手，眼下都是精疲力竭，只好停下来鼻青脸肿地喘着粗气死盯着对方，谁也奈何不了谁。有趣的是，就在同一时期，第一次世界大战的各个战场都做如是状，东线的德国人和俄国人，西线的法国人、英国人和德国人，以及东南欧的奥匈人和塞尔维亚人，大家都大眼瞪小眼地枯坐在滴水成冰的各种堑壕里，回想着自己领袖说过的那类话："等到树叶落下的时候，这场战争就要结束了。"眼看树叶都掉光了，这场战争还能结束吗？

拂袖海峡记

当奥匈帝国的炮舰轰击塞尔维亚首都的同时，德国的战争机器正以不可思议的精准效率启动着，9年前就已拟订的计划——将200万大军的闪击、1.2万列军用列车的运行、对两个国家的致命打击串联到了一起。有史以来，从没有任何一个计划像德国的施里芬计划那样，集瑞士钟表的精准、马克沁机枪的凶险、大规模军用列车的运行于一体。

法兰西亮剑

被誉为法国象征之一的是巴黎协和广场。19世纪初的巴黎人在广场四周分别矗立起了8座代表当时法国八大城市的雕像，西北是鲁昂、布雷斯特，东北是里尔、斯特拉斯堡，西南是波尔多、南特，东南是马赛和里昂。自1870年普法战争失败后，象征阿尔萨斯和洛林的斯特拉斯堡雕像，就一直被人用黑纱裹束了起来，43年间，每一个经过这里的法国人都要驻足张望良久。

1914年的那个夏日，斯特拉斯堡雕塑的丧装终于被人摘下了。

1914年8月1日下午，法国总统普恩加莱亲自签署的动员令通过陆军部长梅西米，到了法军总司令霞飞的手中："我们四个人都意识到，这张小小的纸片将产生何等巨大、何等不可估量的后果，因此我们的心都绷得紧紧的。"

1914年8月1日16：00，第一张布告出现在协和广场的布告栏中。

巴黎各处酒馆、酒店，几乎在同一时间都发生了这样一幕：音乐舞曲突然停了下来，刚刚还正热议前总理夫人庭审纪实的人们忽然发现，气氛不对了。就在人们的错愕中，饭店的领班或经理已大步走到台前，向大家宣布："动员令已经颁布，午夜开始动员，现在开始奏《马赛曲》！"几乎半秒钟不到，酒馆中就充满了欢呼声，一连串的干杯之后，不知是谁大喊一声："致我们的洛林！"另一个声音跟着喊道："还有阿尔萨斯！"再然后，人们会用醉酒前最高亢的音调齐声唱响《马赛曲》。

与此同时，巴黎市内的大街上，一队队预备役军人正带着包裹赶往车站——按照普恩加莱等人这两年一手推行的法国预备役人员动员法令，他们要在第二天傍晚前赶到各自的指定部队报到。火车站前几乎一瞬间就变成了人群与鲜花的海洋。

两天后，法国人期盼已久的一天终于到来——8月2日，一队德国骑兵突袭了卢森堡，意图占领当地的铁路系统，这成了战争正式开始的信号。

8月3日，德国正式对法国宣战。

参众两院里，法国总统普恩加莱和新总理维维尼面对这期待已久的一天，分别向两院联席会议发表了演讲。普恩加莱的演讲热情豪迈："此时此刻，不再有党派，只有一个永恒的法兰西，一个爱好和平与充满决心的法兰西！"

前天还在酒馆里高唱着《马赛曲》的巴黎人，如今已穿上上蓝下红的特色军装，骑兵则还要束上澄明瓦亮的胸甲，冠上精砂打磨的古希腊科林斯式头盔，蹬上光可鉴人的长筒马靴，跨上高大长嘶的阿拉伯骏马，一路高唱着收复阿尔萨斯的嘹亮战歌，穿行过鲜花与彩带的长河，一批批向前线开拔。

未曾开战，巴黎已沉浸在凯旋的狂欢中了。

法国的总司令霞飞元帅，正胸有成竹地在队伍中间缓辔而行。

对于这场期待已久的战争，霞飞元帅和所有法国人一样感同身受，甚至更刻骨铭心——因为他亲身经历了1870年的普法战争。

当年，在工程系就读的霞飞应征入伍，以工兵少尉的身份参加了普法战争。战后，他晋升中尉，舍弃了原本可以当一位工程师或包工头的机会，开始了漫长而艰辛的军旅生涯。

作为一个理科男，霞飞在数学和科学方面极具才能，但同时，想象力、发散式思维却极度匮乏，好在法国军队自拿破仑时代之后就成了这种人的天下——墨守成规，谨慎小心，仅有的疯狂都蕴藏在对命令不折不扣的执行过程中。19世纪末，和普鲁士交锋中吃了亏的法国没两年就缓过劲来，想堤内损失堤外补，于是开始大规模对外扩张，这给没啥军方背景的霞飞提供了一个出人头地的机会。

在法国和西班牙边境，霞飞修筑的工事被法国当局视为模板。1884年中法战争爆发，这个会挖土的年轻中尉成了孤拔的参谋，在越南和中国台湾专门修筑防御工事。后来，他的防御工事还挖到了非洲、欧洲很多地方。别人是以战成名，霞飞则靠挖土晋升。1908年时，霞飞已晋升为法国第三军军长，1911年德法关系最为紧张时，霞飞又被陆军部长梅西米破格提拔成总参谋长。

霞飞上任之后的第一件事，就是负责牵头制订对德军事计划。

霞飞靠土木作业才爬上高位，在将星云集、人才辈出的法国军界，霞飞既非陆军院校出身，也非海军院校出身，本就孤家寡人，而且嘴不能说、口不能喝、舞不会跳，就连吹牛也吹不过那些和敌人面对面干过仗的同僚——因为这几十年来他只会在几大洲各种土壤中闷头挖工事。按理说，由他制定的对德战略，必定也会尘土四溢、木石横飞才是。

可出乎意料的是，由他负责牵头制订的第十七号计划，连一立方米的土方作业都没有——全部是进攻！

无论德国采取什么样的进攻战略，按照霞飞及其团队的设想，180万法军的军事计划就是一条：直接对德法边境中部和东部地区发起进攻，目标直指阿尔萨斯和洛林。

其实，也难怪霞飞舍弃所长而制订这个计划，在那个年代里，无论是法国老百姓还是军界巨头，无不把进攻或防御视为爱国与卖国的分野。

在法国陆军大学，法国军事理论界的明灯、校长福熙将军有两句箴言，一是"克敌制胜的意志是胜利的首要条件"；二是"一场胜仗就是一次不服输的战斗"。

在军事理论家和业余爱国者的渲染下，这两条法则变成了法国老少皆知的军事战略思想——只要胸怀理想，就意味着利剑在握，法兰西的制胜之道就在于殊死进攻，粉碎一切抵抗，唯有进攻才能得到梦寐以求的决战机会，才能在最后一击中凭借超人的意志夺取最终的胜利。

1913年与第十七号作战计划同时制定的《军事野战条例》中，有8条旨在匡正战时法军士兵战场行为的条令写得慷慨激昂、文辞考究、语气豪迈——8条说的其实都是一个事儿：进攻。

甚至霞飞辞行前，法国总统普恩加莱还在喋喋不休地大谈法兰西大战略的魅力："唯有进攻才与法国将士的气质相称，我们决心已定，要勇往直前，迎战敌军，毫不犹豫！"

在一片盲目的乐观情绪中，似乎没有人注意到法德之间已经存在的巨大差距，或者说，法国人认为，所有的鸿沟都能被进攻的意志填平。

德国的经济实力是法国的两倍以上，但没事，法国人有进攻的意志；

德国的工业全球闻名，克虏伯军火名扬天下，但没事，法国人有进攻的意志；

德国士兵训练严格，装备精良，法国士兵训练相对来说稀松儿戏得多，但没事，法国人有进攻的意志；

德国针对未来的战争进行了大量的准备和调研，拟订了详细复杂到无以复加的战争计划，但没事，法国人有进攻的意志……

这边法国人志在必得了，德国那边呢？

德国的坎尼之战

同时和两个以上的世界列强开战，并且能利用自身优势一一将对方打败，这就是令20世纪德国领导人孜孜以求了整整半个世纪的战略命题。二战中，纳粹德国左右开弓分别教训了法国和俄罗斯两个强邻，其战略范本其实就是第一次世界大战德国的这套拂袖海峡计划，其灵感据说借鉴了2000年前古罗马时代坎尼之战的精髓。但再好的计划也赶不上变化，拂袖计划如果真的完美无缺，德国还至于20年后提兵再战吗？而真正让几近完美的"拂袖海峡计划"变成"擦鼻涕计划"的，还属德国当朝的诸公。

中国的武圣是著有《孙子兵法》的孙武，而说起西方国家的武圣，则当属古罗马时代的迦太基名将汉尼拔。此君一生从无著述，却凭借天生的将才，以一小小殖民地之力几乎鲸吞下了整个罗马共和国。

公元前218年，汉尼拔挥军翻越了时人认为不可能翻越的阿尔卑斯山，率领4万大军出现在罗马一侧的波河谷地上，到处攻城略地，兵锋所至无不披靡。而罗马人一开始还敢跟汉尼拔玩"亮剑"——面对面地冲锋，结果发现自己根本不是精通各种战法的汉尼拔的对手，于是便改弦更张，由速战变为持久战，四处坚壁清野，让汉尼拔大军无处筹粮。

眼看罗马人的计策就要成功了，公元前216年，汉尼拔意外地打劫了囤有大量存粮的坎尼城。得知此信，深恐前功尽弃的罗马人派出了两位执政官率领的10万大军——包括8万步兵、6 000骑兵以及数量可观的同盟军，企图凭借数量优势一举荡平迦太基祸害。

战斗开始后，迦太基军队的中央似乎扛不住罗马的强力打击，逐渐开始后退，两翼则牢牢坚守着防线，罗马军队在中央步步紧逼，两翼却逐渐被压缩。直到最后，迦太基军队人数虽少，却犹如一个薄薄的口袋，几乎将罗马军队全部包了起来，而罗马一方虽然人数占优，但大部分人都困在包围圈里无法动弹。

恰在此时，汉尼拔的杀手锏出来了，他一声令下，两翼的迦太基军队发起了冲锋，原先投降罗马的500名迦太基俘虏也从怀中抽出短剑，在罗马军队中央开了花，瞬间，兵强马壮的罗马大军溃不成军。战至天黑，罗马军队在坎尼一带伏尸7万，而汉尼拔仅损失了6 000人。

从此，坎尼之战成了西方无数将领梦寐以求的终极理想——在有生之年，指挥本国的军队通过同样的迂回包抄等手段，创造一场堪与汉尼拔坎尼之战相媲美的围歼战。

第一次世界大战前的德国，两代人制订的作战计划正是坎尼之战的翻版，唯一的不同点，就是这个计划将以整个欧洲为战场，其意图全歼的敌人也不仅是几万人那么简单，除了当面的所有法国军队外，还包括2 000千米外的另一个大国——俄罗斯的1亿人口、500万大军。

阿尔萨斯和洛林，原本就是德意志地区的传统地盘，怎奈19世纪之前，德意志地区长期分裂，境内小邦林立，互相杀伐有增无减。而此时的法国完成了四海归一，正意气风发，路易十四一不留神就把这两个小邦吞并了，从此法国又有了一块讲德语的地区。

普鲁士崛起后，法国一开始还想着利用普鲁士一根筋的特点给自己捞点好处，后来发现不对了，普鲁士迅速壮大，法国都快不是其对手了，于是法国就主动跳出来威胁普鲁士不得染指德意志西南部的事务。与法国交恶，普鲁士本来也没这胆量，但新仇旧怨加之法国的咄咄逼人，普法战争终于在1 870年爆发了，结果法国连皇帝带10万大军，成建制地走进了普鲁士的战俘营，200年前被法国强抢去的阿尔萨斯和洛林两块富含煤铁资源的"肥肉"也被普鲁士重新夺了回去。这还不算，普鲁士国王还在法国的凡尔赛宫里正式加冕登基，成了德国皇帝，如前文所述，这仇、这丑可就大了去了。

好在法国打仗不成了，笔头子还着实了得，大文豪雨果在其著作中将阿尔萨斯、洛林两地描写成法国天然领土的观念，使之深入人心。此外，还有都德的《最后一课》，将两地人民"此地暂胡马，终生只法民"的精神渲染得感人泪下。更有小说家莫泊桑的《羊脂球》，将普鲁士军官写得如畜生般不堪入目，反倒是法国的妓女羊脂球高风亮节卖身不移志的精神，令须眉汗颜。凡此种种，将法德之战的道义属性完全颠覆，以至流毒至今，由此可见文化软实力的威力。

德国只是收复了自己的地盘，起码得让人知道合理性吧？普法战争后，俾斯麦等有识之士强烈要求普鲁士不要逼人太甚，只要法国对普鲁士的崛起不加干涉就算达到战略目的了，可德国的一干军官不干，拼死拼活好不容易压住了法国这只老虎，绝不能轻易放过法国。

于是在割地之外，终于蹦出一个自以为天文数字般的赔款数额来——50亿法郎。以当时的购买力，50亿法郎还是很值钱的，1法郎起码能买两只鸡，普鲁士希望能通过此举一举削弱法国的战争实力。结果，他们下定决心要的这笔赔款，法国不到3年就全部还清了，剩下的时间和精力，法国人全部用来培养漫长的仇恨。

对于法国的这种刻骨仇恨，德国当然心知肚明，俾斯麦当年的预言一语成谶，对法压制战略失败的德国，不得不吞下强邻仇视的苦果，而面对德法边境密如蛛网的防御工事，再搞一次类似于1870年那样的色当大捷显然也是不可能的，唯一的方式，就是在法国大军集结起来之前，像汉尼拔那样以德法边境为战场搞一次大规模的坎尼会战。

施里芬，德国继续第一次世界大战争英雄老毛奇之后的第二位总参谋长，其生前唯一的工作就是为德国将来的战争制订一份详细的战争计划。施里芬上任之后，果断推翻了前任总参谋长老毛奇制定的先俄后法战略，认为俄国凭借其蠢笨的动员体制，很难迅速集结大部队，就算打过来，也只是打碎德国农业产区东普鲁士的一些瓶瓶罐罐而已，而以一墙之隔的法国无论是动员能力还是破坏性都要大得多。于是，施里芬以坎尼之战为范本，精心编制了一份同时兼顾德国东西两线作战的天才计划，后世将其命名为"施里芬计划"。

和法国计划一上来就直奔主题、强调进攻不同，施里芬计划虽然同样是强调进攻，却反对一线平推，而是要求有所取舍。

在大战略上，施里芬计划指出，战局一开，在东线的少量德军要对俄军保持守势，步步为营，必要时可以放弃东普鲁士地区，以此为西线胜利赢得时间。在西线，施里芬计划投入全部兵力的90%用于进攻，而这90%、约150万人的兵力，法德边境地区却只维持少数兵力，甚至阿尔萨斯和洛林在必要时也可以让法国占领，大部队要几乎全部都投入到德国西部与荷兰、比利时的边境上，通过武力占领荷兰、比利时所处的佛兰德斯平原地区，成功绕开法军正面防御工事，从侧后打击法军有生力量，然后兵锋直指巴黎。

按照施里芬的设想，德军应在40天内结束对法之战，然后将依靠细致完备的铁路运行图，通过1.1万列火车，将百万大军快速从西线运到东线，与正深入德国领土的俄国军队进行决战，一举歼灭俄军。

所谓青出于蓝而胜于蓝，汉尼拔若有幸看到这个脱胎于自己坎尼战役的战争蓝图，也会赞不绝口的。

施里芬计划的第一要素就是要成功地占领荷兰、比利时。正如施里芬本人所言："法兰西王朝的心窝在巴黎和布鲁塞尔之间。"法德边境地区大多群山环绕，不利于大部队展开，更缺乏铁路等必要的运输手段，而且法国在19世纪沿法德边境修筑了大量的防御工事，从正面进攻得不偿失。相反，比利时的佛兰德斯平原却拥有德国采取大兵力作战的一切要素——平坦的地形、稠密的人口、富庶的城市、密集的铁路网，还有出其不意的侧击。

施里芬计划唯一的缺陷就是要破坏比利时的中立，因为这个国家于1839年在英、法、普、奥、俄等国的见证下成为了永久中立国，当时的普鲁士还是个二流国家，自然要顺水推舟乐成其事。可此一时彼一时，现在连德皇威廉二世都敢公开地说："谁要是在欧洲战争中不站在我这边，谁就是反对我，如果比利时不站到这边来，我只好唯战略考虑是从了。"一席话，吓得周围的文武官员差点给皇帝跪下——皇帝的一时嘴快，国家最高等级的机密计划差点让皇帝泄露出去！

施里芬计划的第二要素则是给法国人设下的一个陷阱。施里芬故意在法国通往阿尔萨斯和洛林的梅斯与孚日山脉地区部署了较弱的兵力，战端一开，法国人会忍心眼看着"自己的失地"不去"解放"吗？

施里芬计划的第三个要素则是看透了俄国泥足巨人的本质。俄国糟糕的交通设施、广袤的国土，如果想进行战争动员的话，没有两个月的时间是凑不齐军队的，因此完全可以放心将大部队抽调到西线去打击法国，然后再掉头回来迎面收拾侵入德国东部的俄军。

施里芬于1906年退休，有生之年里，他一边继续研究坎尼之战，一边继续完善着他的计划。作为一个军人，生平未指挥过重大的战役，固然是个人的遗憾，但施里芬却将以自己名字命名的计划看成是亲生的儿子一样宠爱有加，甚至退休之后仍孜孜不倦地推敲这计划的每一个细节。1913年，施里芬因病去世，享年80岁，临终时他仍念念不忘自己的计划，并不断叮嘱周围的人："必有第一次世界大战，务必加强右翼！"

施里芬的继任者是他的前任老毛奇的侄子小毛奇。说起老毛奇，那可是德国家喻户晓的大英雄，当年正是他和俾斯麦一武一文，共同辅佐威廉一世登上德国帝位的宝座。当年，也正是老毛奇一手策划了以少胜多的色当战役，一举将包括法国皇帝拿破仑三世在内的10万法国大军赶进了集中营。因此，施里芬退休后，德皇想都没想就让老毛奇的侄子小毛奇接过了总参谋长的衣钵。

与雄才大略的叔父和学者型的前任施里芬相比，时年66岁的小毛奇是个偏文艺范儿的思考者，与总参谋长的职业相比，他干得更出色或者说更在行的职业分别是大提琴师、瑜伽教练和哲学家。但没办法，谁让老毛奇身后无人，他又偏偏当了闻名遐迩的老毛奇的侄子呢？

在接过总参谋部接力棒的几年时光里，小毛奇最大的爱好就是根据大提琴谱的旋律不断修改前任的"拂袖海峡"计划。

施里芬要保证90%的兵力在西线北段，小毛奇最终把这个比例降低为40%。

施里芬要把西线的兵力全部展开，像铁拳一样砸扁比利时、荷兰，一直到海峡为止，然后分几路挺进，大胆迂回。德皇或为了降低外交风险，或为了不想打扰亲戚荷兰威廉明娜女王的幸福生活，决定放过荷兰，专门借道比利时。但是德皇却没考虑到，绕着荷兰去拂袖海峡的右翼兵力会全挤压在最窄不到20千米宽的地域里，也丝毫不考虑由此所带来的交通拥挤和行动迟缓。

战争即将来临，小毛奇一看各国的情况，吓了一大跳，他做梦也没想到，朝思暮想的战争会是如此恐怖。为了这场战争，德国动员武装了87个步兵师和11个骑兵师，军队数量达到了200万人，混编为8个集团军；盟友奥匈帝国的兵力为130万人，共有47个步兵师和11个骑兵师。与德奥同盟相抗衡的，则是法国的180万人，97个步兵师和10个骑兵师；俄国则有350万人，分为114个步兵师和36个骑兵师；塞尔维亚则有12个半师，26万人。

为了一个说大不大的突发事件，一场蓄谋已久的恩怨，双方一共动员起了886万人，这还不包括后续动员起来的力量以及未来几年陆续将卷入战端的国家。

1914年8月2日，施里芬计划正式上演，近千万人的大会战的主战场终于开打了。当天，德国向比利时发出最后通牒，德军右翼的34个师要借道比利时前往法国，要求比利时放弃抵抗，乖乖让德军通过。要知道，尽管缩了水，但德国的右翼也有34个师之多，比利时军队仅有6个师12万人，如何对抗5倍于己的虎狼之师呢？但比利时年仅39岁的国王阿尔贝对德国最后通牒的回答是："不！"

列日雄关

这是一场本能避免的战争，德国要绕道比利时去攻击法国，这要求虽然有些野蛮霸道，但德国皇帝却非常诚恳地征求过比利时国王阿尔贝的意见，并满口答应，一到战争结束，将赔偿比国的损失云云。但阿尔贝在心理上却显然早已投向了英法一方。及至开战，德国大军压境，德皇又旧事重提，且软硬兼施，但一心以为英法雄兵不日即可从天而降的阿尔贝哪肯放行？一场轰轰烈烈的要塞保卫战就此上演。

1914年8月3日，比利时召开御前会议，部署贯彻有关抗德工作的若干规定，随后德比边境的部队开始奉令炸毁通向比利时腹地的铁路和桥梁。当时，所有人都认为阿尔贝疯了——德国并不想伤害这个还有一位德国王后的小国，只是嫌它碍事，让它让让路而已。

第一次世界大战的历史证明，越是强国大国、他们的皇帝或继承人就越不靠谱，往往在个人的野心与巨大的国家能量面前或进退失据，或丧心病狂，甚至身死国灭仍遗患无穷。

阿尔贝也是如此，尽管看上去他充满了以弱抗强、保家卫国的正义色彩，西方的史书上把他描写得义薄云天，但观其行为与谋略，似乎也没跳出"皇家多傻帽"的定律。

本来，比利时国王轮不到阿尔贝来当，先王利奥波德二世是阿尔贝的伯父，天生就看不起他这个略显文弱和木讷的侄子，但由于亲生儿子早夭，亲弟弟、大侄子先后或夭折或去世，这才心不甘情不愿将这个被自己称为"封了口的信封"的二侄子立为王储。

1909年之前，阿尔贝这个王室丑小鸭，唯一的爱好就是四处求学，广泛周游。期间，他通过自由恋爱，娶了茜茜公主的侄女、巴伐利亚的女公爵为妻，夫妇俩琴瑟相合，很是恩爱。

阿尔贝的叔父是欧洲出了名的荒唐国王，私生活一团糜烂不说，还在非洲等地大肆推行其残暴统治。为了追求经济利益，利奥波德二世在比属刚果屠杀了1 000多万非洲黑人，连西方其他杀人不眨眼的屠夫们都感到震惊不已。

阿尔贝继位后，没人看好这个三流小国的小国王和他的国家。叔父利奥彼德二世对他的评价、他的内向、他的寡言、他爱看书的习惯，都难免让人对阿尔贝和他的国家产生文弱之感。在一个崇尚钢铁与力量的时代里，国君的如此习惯可不是什么好兆头。威廉二世甚至曾轻蔑地用一个易如反掌的手势来形容在未来的德法之战中征服比利时的难度。

但世人都想错了。

1914年8月3日，阿尔贝自任为比利时军队总司令，下令全国动员，准备抵抗德国即将开始的入侵。

几乎就在阿尔贝的动员令下达后没几个小时，8月4日凌晨，第一批有6个步兵旅和3个骑兵师的德军部队踏上了比利时的国土，一路如入无人之境，于当天傍晚抵达比利时境内最大的河流马斯河北岸，对岸则是比利时境内最大的筑垒要塞列日要塞。

列日要塞雄踞马斯河两岸，马斯河此段河道宽达200米，长达150米的河岸更是陡峭得令人生畏，构成了要塞的第一道屏障。这些天然屏障之后，就是赫赫有名的列日要塞堡垒群，共有12座子堡，每座堡垒由1个连至1个营约100~500人的兵力驻守，各子堡与主堡之间相距约6~8千米，子堡之间相距3~5千米，这分别是主堡210毫米口径远程大炮和子堡400余门中小口径大炮及机枪的射程范围，密如蛛网的交叉火力构成了列日要塞的第二道防线。

作为19世纪八九十年代军事建筑史上的杰作，列日要塞的工事几乎全部埋在地下，可上下升降的炮塔有钢制装甲保护，堡垒内部四通八达、设施齐备，堡垒前都挖有9米宽的壕沟，堡垒炮位四周更是设下了无数暗堡，内设机枪、小炮。战争爆发后，比利时步兵第三师和第四师一部又填充了堡垒间的无人地带，并简单构筑了工事。当堡垒遭到敌人正面强攻时，这些暗堡和步兵们将用来自四面八方的火网埋葬一切敢于进犯的敌人。

此外，列日要塞还有"第四道"防御体系。在这片庞大的地下世界里，能工巧匠们精心设计了休息区、储藏区、作战室、弹药堆放室等设施，甚至还有医院和蓄水池。按照设计师的设想，列日要塞更适合长期围困作战，一旦敌人一击不克、改攻为困的话，里面的日子照样舒服，外面的敌人能不能吃得消就难说了。

如此难攻，难道不能绕道吗？一方面，德国作战计划的周密性几乎精确到每一分钟，对于一个命中注定要两线作战的国家来说，还有什么比时间更宝贵的呢？另一方面，列日要塞还是一把关键的钥匙——不仅控制着马斯河上最主要的5座桥梁，而且还有4条连接德国与法国北部的铁路交会于此。

而按照施里芬计划，右翼光第一集团军就有10万人，2万匹马每天所需军马草料就近1 000吨，加上士兵的补给、弹药的供应，全都要靠后方通过铁路系统往前线送。整个西线六七个集团军，光草料每天就得上千车皮，因此控制这类交通枢纽，对于德军来说是至关重要的。

想要绕道，可能吗？

比利时的应战一开始吓了德国人一跳——别说比利时以6个师对德国34个师，就是德国先头部队的6万德军就够横扫整个比利时的了，阿尔贝疯了吗？但转念一想，兴许人家阿尔贝就是想保全下面子呢？这么想着，源源不断的德国大兵们唱着歌、迈着整齐的步伐就轻轻松松地开进了比利时境内。

滚滚的灰色人流，裹挟着数以千计的机枪、野战炮、辎重车，一路开赴过来，满心以为比利时军队只会冲天开两枪，然后就会让出大道，任由德军自由通行了。德军先锋到了马斯河边，见桥梁尽毁，就边欣赏着风景，边搭设着浮桥，边等着河对岸的比军挂出白旗来。

可德国兵等来的却是比利时军队的突然打击。比利时的狙击手在农舍、树林中不断用冷枪冷炮招呼着视野范围内的德军。接着，列日要塞各堡垒的大炮也开了火，身着笔挺军装本来准备搞场武装大游行的德国士兵始料未及，顿时死伤惨重。

原来，阿尔贝铁了心要和德国打那么一下。笔者推测，这并非史书所渲染的铮铮铁骨使然，而是阿尔贝作为一个赌徒的心理在作怪。作为一个赌徒，阿尔贝当然知道自己依托英、法、俄这些大国，肯定会赢得战争的最后胜利，如果押宝得中，自然一本万利，而他也确实有下注的本钱。

本钱之一，阿尔贝自恃有英国和法国的安全保护承诺。1913年，阿尔贝和威廉二世聊天时小毛奇也在场，双方曾就借道比利时打击法国的问题交换过意见，阿尔贝当场予以了回绝，回来后就把消息透露给了英法两国。要知道，90年前就是英国人拍的板，串通几大国，共同把比利时立为永久中立国。英国和法国自然也不含糊，拍着胸脯保证给比利时提供安全保护。

本钱之二，比利时虽小，却是一个袖珍的军事强国，十几万军队训练有素，装备不亚于英德这些列强，此外，比利时还拥有马斯河上最关键部位的列日要塞和那慕尔要塞这两把钥匙。

如果能在这场战争最显眼的战场上打上一场漂亮仗，比利时是否能摆脱命中注定的小国命运，踏上大国崛起的路程呢？

笔者认为，身为一国之君，首先要想到的就是本国人民的幸福与安定，除此无二。阿尔贝为了所谓的国际道义或大国崛起的宏图强谋，就将本国国民置于水火刀兵之中，显然谈不上什么铁骨铮铮。

作为"大国崛起"的第一步，列日要塞东部的4座堡垒首当其冲受到德军的围攻，但德军随军携带的76毫米野战炮打到堡垒上跟挠痒痒似的，210毫米臼炮也不管用。时间紧迫，无可奈何之下，德军只好发起了刺刀冲锋，整排整连德军士兵在督战队的机枪威逼下，向面前坚不可摧的堡垒发起徒劳无功的冲锋，再成片地倒在比军密集的火力网下。

一位比利时军官事后回忆说："他们并不试图展开队形，而是一排排地并且肩并肩地冲过来，直到中弹倒地。倒下去的人堆成一堵可怕的街垒，快要挡住我们的枪口了，我们实在不知道究竟是隔着它射击好还是走出去用双手清理下射击视野好……"

面对凶猛的火力，德军士兵前赴后继，攀爬着战友的尸体，一次次企图接近碉堡，可就在这时，设置在附近的暗堡开火了，成功在望的德军士兵像被割倒的麦子一样一茬茬填满了堡垒前的壕沟……

1914年8月6日，比军在列日要塞成功击退德军进攻的消息不胫而走，比利时首都布鲁塞尔所有人都沉浸在胜利之中了，人们争相传阅这前线的战报，添油加醋地描绘着前线德军的惨相。盟国们见小小的比利时替他们挡了刀，更是喜出望外，巴黎的政客们大方地将一级荣誉军团勋章颁发给列日要塞守军集体，还不忘给自愿挡刀的阿尔贝国王送上一枚；英国的《泰晤士报》则宣称比利时人打破了德军不可战胜的神话（不知此前一直拿普鲁士军队练兵玩的拿破仑有何感想）；法国的新闻也不甘落后，将"捍卫欧洲自由"的荣誉称号戴在了比利时人的头上。

但列日要塞军民的日子可没有后方这些说大话使小钱儿的国家和大脑进水的司令部人员们想得那么轻松。德军久攻不克，使得德国在国际上脸面无光，恼羞成怒下发动了大规模的炮击，每天将多达上万发各种口径的炮弹扔进列日要塞的各个角落。没来得及撤离的市民只好藏在地下室里忍受着地狱般的煎熬，巴黎的勋章和伦敦的鲜花，能挡炮弹吗？

施里芬计划如此周密，比利时的重要性如此突出，可武装到牙齿的德军居然没有强攻列日要塞的专门武器，这是怎么回事呢？

其实，为了能顺利拿下列日要塞，德国方面处心积虑了很久，做出了种种方案，甚至专门定制了轰炸要塞的特种大炮，但临开战前，皇帝威廉二世大手一挥，认定比利时是不敢妄动的，轻装前进，早日打到巴黎。由此可见，德国真心没想和比利时过招。

就这么着，34个师的德军刚进入比利时就砸在了铁板上，整整一个星期的时间，武装到牙齿的德国军队在小小的列日要塞下顿足不前。

就是在这个时候，一位传奇般的德国军官出场了，此人此时名为埃里希·鲁登道夫，一个平民出身却凭借出众的胆识和见识而跻身德国世袭军事贵族阵营里的政治新星。

鲁登道夫出生于东普鲁士的一个小商人家庭，长大后志愿从军，但在出身决定前途的德国军界，他的未来很不乐观。好在他有幸成为小毛奇版"拂袖海峡计划"智囊团的一分子，并使自己也成为计划的一部分，而他的终极使命，就是帮助德军拿下列日要塞。

在漫长的职业生涯里，攻克列日要塞成了鲁登道夫的终极梦想。及至梦想忽然降临，鲁登道夫已是49岁。在他这个年纪，容克贵族出身的军官大多都已是师长、集团军司令一类叱咤风云的角色了，而鲁登道夫却仍只是集团军的一个参谋而已。

不过，面对坚不可摧的列日要塞，德国恐怕找不出第二个对列日要塞的情况如此烂熟于心的人了，鲁登道夫不仅亲身参与了第一次世界大战前有关列日要塞一切方案的制订，甚至还利用休假之机前往比利时实地进行过考察。鲁登道夫此时的身份只是德国两个集团军的少将级协调员，但面对列日要塞喷射出的炮火，恐怕全德军中只有他一个人是在偷着乐的。

在最终解决列日要塞前，德军在前线所有有亮点的军事行动几乎都是出自鲁登道夫的手笔。开战不久，鲁登道夫巧妙地派遣一支骑兵在要塞北部出现，迫使要塞指挥官认为德军企图包抄比军后路，匆忙将大部队调往南部，从而为德军迫近要塞提供了便利条件。接着，鲁登道夫又顺势接过了一个旅的指挥权，并指挥这个旅"虎口夺粮"——从比军严密的防御中抢占了一块制高点，由此刻俯瞰城区和比军的大本营。

1914年8月7日，当鲁登道夫发现比军列日要塞大本营里没有高级军官这一离奇状况后，他马上抓住这个漏洞，自己一个人单枪匹马跑到比军大本营前，用一柄剑狠狠敲击着大门，然后连蒙带诈，兵不血刃地解除了大本营中守军的武装。尽管他敲开大门的那座大本营，只是列日要塞系列堡垒中最不具军事价值的那座，但毕竟这是开战初期德军灰暗时期里唯一的一抹亮色。不过，剩下的堡垒肯定鲁登道夫是敲不开了，他只得马不停蹄地返回了德国，好去迎接一群尊贵的"客人"。

"贵妇"降临

1914年8月12日，是德奥两个同盟国同时发飙的日子。在这一天，奥军在东线发动了开战以来最大的攻势，45万奥军向塞军发起了总攻。西线，德国用来对付列日要塞的"终极神器"终于运抵了前线，这是由驰名世界的克虏伯公司和鲁登道夫精心为列日要塞和设防严密的巴黎准备的"礼物"——口径达420毫米的超级重炮"大伯莎"。

作为钢铁时代最出名的武器，"大伯莎"闻名遐迩的大名，来自克虏伯掌门人古斯塔夫的夫人伯莎女士。不过，笔者估计伯莎女士从没见过这炮的模样，否则古斯塔夫的好日子就到头了——此炮外观奇丑无比，时人形容为"钢铁制造的巨型鼻涕虫"。

而古斯塔夫用妻子的名字来命名此炮，显然也颇具深意——作为史上口径最大的重炮，"大伯莎"难"伺候"极了：其全重达到了史无前例的75吨（一说为98吨），用铁路运输时必须分拆成5个部分才能确保铁轨和路基的安全，使用公路运输，仅炮身部分就要使用36匹马来拖曳；发射前，必须先要由工兵在炮位上专门铺设好水泥，否则开炮时巨大的后坐力会将炮架整体砸进地里；开炮时，为了能将重达1吨的炮弹塞进它又粗又短的炮管里，需要200个受过专门训练的士兵为忙活大半天⋯⋯

这么一个难伺候的主儿，难怪古斯塔夫要以自己妻子的名字来命名。"大伯莎"所能做的事只有一件："包治一切不服！""大伯莎"以1小时7发的速度，将重达1吨的炮弹打到1 200米高的高空，然后落在15千米远的地方，其装备的延时引信能确保炮弹穿透目标外壳后再爆炸，从而摧毁目标范围内一切建筑和里面任何活着的生命。"大伯莎"的惊人威力，以至于全副安全装备的炮兵们要趴在几百米外遥控发射才能躲过后坐力的伤害。

"大伯莎"的亲吻就像是死神的镰刀，不到片刻，就将比利时人用20年时间构筑的不朽防线撕成了破碎的渔网。

当晚18：30，第一发炮弹飞向了列日要塞前线的蓬迪斯堡垒。在炮弹划过天际的1分钟里，10千米外要塞里的人们都坚称自己听到了魔鬼的笑声。1分钟后，要塞上升腾起了一朵夹杂着土木碎片、人体残肢的巨大烟云，高达300余米，甚至上百千米外都能感受到它巨大的威力。随着弹着点的不断校正，列日要塞系列堡垒的末日终于到来了。

首当其冲的蓬迪斯堡垒被"大伯莎"打成了一片瓦砾，于第二天被德国步兵占领；接着，圣德方丹堡垒在领教了"大伯莎"的脾气后宣布投降，400余名守军仅活下来76人⋯⋯

在8月2日战争开始前，莱曼将军的麾下有8 000要塞守军和多达

3.3万人的增援部队，在8月12日炮击开始前，列日要塞诸多堡垒中仅有一座被德军攻陷，而在"大伯莎"到来后的3天里，12座堡垒中已经有11座或成为废墟，或被守军拱手送给了德军。

要塞西边的隆森堡垒是列日要塞系列子堡中最后陷落的，8月15日的一轮炮击已将它轰成了瓦砾堆，但顽强的守军仍然坚守着这个最后的据点。8月16日，在拒绝了德军的最后通牒后，"大伯莎"又"发话"了，一发炮弹命中了隆森堡垒的弹药库，引发了一连串爆炸。亲眼见证了这一幕的鲁登道夫在回忆录里描写到："一批头昏脑花、被熏得黑乎乎的比利时士兵爬出了废墟，一起出来的还有8月5日至6日晚上被俘虏的德国人。所有的人都是血糊糊的，他们举着双手朝我们走来，结结巴巴地喊着别杀我，别杀我……"

德军在废墟中抢救出了奄奄一息的比军列日要塞的总指挥官杰勒德·莱曼将军。莱曼苏醒过来后的第一句话就是要求德军指挥官给他写下一纸证明："我请你们作证，你们发现我时我正处于昏迷状态。务必请你们在战报中说明这一点。"

前几天还被世界各国视为神话的列日要塞保卫战以德比两军各自伤亡2.5万人而告结束。停滞了将近10天的德国灰色洪流继续向前推进。损失惨重的比利时军队残部匆匆放弃了难以固守的首都布鲁塞尔后，后撤到靠近海滨的安特卫普，继续坚持抗战。

这时，前两天还自我感觉良好的阿尔贝，估计连肠子都悔青了，由于英法说大话使小钱式的"忽悠"，小小的比利时以举国之力挡住了德国砸向法国的那记重锤，自己却落下个半身瘫痪——大半个国土惨遭践踏，无数居民由于响应国王的号召反抗德军而遭到屠杀，英国和法国却除了道义上的谴责外，丝毫没有帮助比利时收复国土的意思。

20多年后的二战爆发后，德国再度如法炮制，要借道比利时打击法国侧翼。第一次世界大战时年仅12岁、亲眼目睹过国家被英法的忽悠所葬送的比利时新国王利奥波德三世，没有去学父亲的精神去给英法当垫背的，而是毅然做出了不抵抗的决定——既然自己无力阻止敌人的入侵，哪怕自己会身败名裂，也要尽最大可能给自己的国家和人民争取到最大限度的安宁。比利时沦陷后，由于利奥波德三世的斡旋，这个小小的国家受到德军最大程度的优待，是西欧各国中受害程度最轻、死伤最少的。二战后，尽管面对朝野上下一片的指责，利奥波德三世黯然下野，但比利时人民近年来也慢慢开始理解了这位为了人民的福祉不惜损失个人名节的好国王。

笔者认为，对一个小国而言，相对于父亲阿尔贝的"争"，儿子利奥波德三世的"不争"更值得后人尊敬。

通道总算打开了，德皇无意把比利时的残兵败将彻底赶下大海，而是派了两个军前去监视，大部队继续挺进法国。上千位工程师对比利时境内遭到破坏的桥梁和公路铁路设施进行了修复，几乎不到一天的工夫，各地设施就又恢复到战前的水平，每天有500列火车通过这些桥梁跨越莱茵河

按照施里芬计划的日程安排，德军最迟应于15日完成在比利时的"旅行"，而这套德国最优秀的参谋们考虑到各种因素后制订的精确到分钟的周密计划刚一开始执行，就被小小的比利时给拖慢了节奏。显然，比利时人用自己特有的方式颠覆了举世闻名的德国式

严谨与细密，更以本国军民巨大的牺牲，为英国和法国换取了宝贵的时间。

作为列日要塞之战里唯一的受益者，恐怕就是此前名不见经传的鲁登道夫。有道是"风云帐下奇儿在，鼓角灯前老泪多"，在等级森严的军事贵族体系里，像鲁登道夫这样才华出众却出身低微的小角色，通常只能以参谋或幕僚的方式介入历史，而列日要塞的危局成就了鲁登道夫的赫赫功名。不过，这一切只是一个开始，他的征途在遥远的东线，他的使命则在更为遥远的战后。

血与火

德国借道比利时受挫，只是这场战争的一个序曲而已，在接下来的行动中，比利时人的倔强与顽强，让德国式的残忍得到了发扬光大的机会。本来这是一场列强相争的战争，比利时完全属于"楚人无罪，怀璧其罪"。但相对于战场上的杀戮，占领军与平民之间的冲突，使得一切都失去了秩序，一场新的风波正在酝酿、成型。

本想着教训一下芝麻粒大的小国知道天高地厚，结果反被芝麻粒教训了一顿，受此奇耻大辱，德国上下自然恼羞成怒。这还不算，从300年前就有和外国占领军打游击战传统的比利时人，受到列日要塞保卫战的影响，又将祖先们对付西班牙军队的手段全使在了德国人身上，放冷枪、打冷炮、袭击落单的德国兵、破坏铁路和电报线，顺带手再把德军的草料堆上放把火，让德军每前进一步都要付出惨重的代价。

按理说，威廉二世虽然超级混蛋，但在对待比利时的问题上算是仁至义尽了——先是1913年冒着被容克军官团弹劾的风险私下向阿尔贝透露了高度保密的施里芬计划，想和平借道；接着，开战后又不顾脸面地三番四次找阿尔贝借道，甚至在"大伯莎"运到前线进行安装的前一刻，德国大使还在喋喋不休地劝说比利时国王放弃抵抗；后来，比军大败后，德军并没有赶尽杀绝，而是围而不攻，任由阿尔贝保住了半壁河山。

威廉二世和德国如此作为，并非宅心仁厚。20年前德国人跑中国来抢占胶州湾时可是杀人如麻的混世魔王，哪怕他们死了一个人，也要杀得附近几个村子鸡犬不留。十几年前他们参加八国联军进北京时，威廉二世曾给远征军放话，要学"野蛮人匈奴人那样对付中国人"，德军因此更给世人留下了军纪最差、杀人最狠的野蛮人印象。

1914年8月25日，比利时残军在与法国交界的卢万袭击了德国第一集团军的后卫部队，部分市民也自行参加了战斗。事后，德国军队对卢万展开了血腥的报复，整整6天时间，整座小城都淹没在枪声与烈火的噼啪作响声中。

这些手段，比起德国人在中国干的勾当，或是日本人在中国干的勾当，连个小拇指都算不上，但在英国人看来，有这些就足够了，英国的宣传机器开足马力，开始把这些道听途说的消息添油加醋进行深加工。

关于英国与德国这甥舅之国的恩怨，前文已述，傻子都知道双方互相恨成了什么样，可英国在战争开始之初，却选择了比利时的道义问题作为对德作战的借口。

德国一开始也丝毫不以为意。德国人所遵循的战争宝典、克劳塞维茨所著的《战争论》中，曾把恐怖也作为缩短战争时间的正当手段。他认为，让平民百姓远离战火影响是根本不可能的，因此长痛不如短痛——一定要让他们感受到战争的压力，这样才能迫使他们的领导人媾和。战争的目的既然是解除敌人的武装，那么，"我们就必须置敌人于继续打下去要比投降更难以忍受的境地"。

理论是个好理论，但首先得看由谁来做，其次得看对手是谁。一来二去，英国和法国的故意抹黑，让德国人不得不背负上更沉重的道义负担。不仅如此，德国人自己还不忘给自己的脸上再添上一抹黑。

在世界范围内，第一次世界大战被英国人和德国人的舆论引导刻意扭曲成了英德之间的正邪较量，英国和法国所代表的是文明世界，他们是在为捍卫文明而战，而罪行令人发指的德国则代表着野蛮与残忍。在继"大嘴皇帝"的绰号之后，威廉二世又光荣地得到了另一个绰号——"HUNS"，意为"野蛮人"或"匈奴王"。

卢万的烈火，最终使得英、法、俄三国于1914年9月4日在伦敦缔结了一个死战条约，规定鉴于德国在比利时和法国犯下的滔天罪行，三国在作战中都不得单独与敌人媾和，必须与敌人死战到底。

乍看上去，三国无不正义凛然、义薄云天，中外的第一次世界大战史著作中每写到此处，笔端墨痕处更是充满了浓浓的正能量。但究其实质，三国的案底没比德国干净多少，论起替比利时出头这事，英法两国更逃不过以邻为壑的干系。但谁让历史都是胜利者书写的呢？认了吧，至少这回英国人又给自己的勾当找到了一件冠冕堂皇的外衣。

附录：国家的性格

卷帙浩繁的世界史上林林总总的民族和国家犹如过江之鲫，而真正能给我们留下印象的却只是少数，或是拓地万里、扬名立万的大国，或是小而弥坚、愈挫愈勇的钢铁小国。历史证明，山不在高有仙则名，水不在深有龙则灵，国家不在大小，有性格才能得到当代及后世人们的由衷尊重。这就是笔者面对浩如烟海的第一次世界大战史料，却偏偏把塞尔维亚的故事先放在前面的原因。

谈到国与国之间的关系时，我们以前经常爱说的一句话就是："尊严来自于实力。"

其实，回顾历史，奥匈帝国和塞尔维亚各自的兴衰，从两个方面给我们提供了借鉴和参考。

奥匈帝国无论人口还是面积，都是欧洲第二的大国，而塞尔维亚仅仅和奥匈帝国的一个省（波黑）差不多大小。说到文化和经济发展，两国更不是一个重量级的。经济总量上，奥匈帝国虽然比不过德国和法国，可那只是国家层面的标准，论人民的生活水平、文化素养，奥匈帝国在全欧洲都是首屈一指的，而塞尔维亚刚刚从奥斯曼土耳其蒙昧残酷的统治下获得独立不过百年而已，民生凋敝、三面皆敌，只能靠着国际救济维持。

悠久的文化历史？奥匈帝国的历史往前追述，不算他们祖上的罗马帝国时代，单从独立建国算起，起码也有1 000年的历史，而塞尔维亚中间断档了500年不说，就算500年前自己当家做主时也不过就是部落联盟首领的水平，500年后重开局时更是欧洲一穷二白的破落户。

但奇怪的是，奥匈帝国这样一个久负盛名的国家，这样一个创造了无数辉煌与奇迹的国家，却在第一次世界大战后的审判席上被彻底肢解成了一堆再难以拼凑起来的碎片，而偏偏塞尔维亚这样一个昔日的小国、穷国、弱国却格外受西方列强的青睐。

　　第一次世界大战后的凡尔赛条约签订现场，各国代表纷纷为自己国家争功抢地，操纵会议的英、法、美等列强却对塞尔维亚情有独钟。虽然从整个战争来看，除了牵制了奥匈帝国外，塞尔维亚对第一次世界大战的贡献甚微，战争后期甚至一路败退到了希腊境内，最终也并不是凭借自己的力量收复的国土，但凡尔赛会议反而在各方面对塞尔维亚进行了慷慨的支持——昔日小小的塞尔维亚凭借开战以来艰苦卓绝、屡建奇勋的表现，不仅从解体后的奥匈帝国废墟上得到了波黑、克罗地亚、斯洛文尼亚等大片领土，面积增加了两倍有余，跻身于欧洲二流列强之首，而且还实现了塞尔维亚几代人梦寐以求的建立大南斯拉夫王国的梦想。

　　无独有偶，二战结束后，铁托领导的南斯拉夫更成了苏联与美国这两大集团争相拉拢的香饽饽，这个给援助，那个就给资金，这个给技术，那个就给武器。一言以蔽之，左右逢源，东西通吃，南斯拉夫是二战后直到20世纪90年代唯一一个尽得冷战之实惠而无冷战之忧虑的国家。这又是为什么呢？

　　其实，与其说世界看重塞尔维亚，不如说是人们欣赏塞尔维亚或南斯拉夫小而弥坚、百折不挠的国家性格。人是有性格的，国家也是如此，一个国家或一个民族如果有一个好的性格，就像是那些人缘奇佳、情商甚高的人那样，尽管再家贫人丑也会得到强者的尊重与认同。

如果把第一次世界大战的列国比喻为一个班级的成员，塞尔维亚俨然是成绩不好、出身更差却活得更有尊严、更不容冒犯的那个小矮个，面对这么一张倔强的面孔，任何人都不得不动容。

　　塞尔维亚人于1914年丢了首都，但不到10天他们就靠自己的努力重新收复了首都；1940年，塞尔维亚的首都再次沦陷，4年后他们又靠着自己的力量重新收复了首都。1914年的冬天，几乎所有的列强都在战场上尝到了失败的苦味，区别只在味道的浓淡而已，而唯独兵力最小、工业最弱、家底最薄的塞尔维亚却在战场上保持着不败的纪录。而这个国家历史上所面对的敌人，土耳其人、奥匈帝国人、德国人，无论多么强大，无论能做出怎样的暴行，都无法征服这个民族。对于这样一个有性格的民族来说，任谁不会敬仰三分呢？

　　国家就像人一样是有性格的，这并不意味着就不需要国家层面的谋略了，你可以韬光养晦，你可以老奸巨猾，你可以醉翁之意，你可以李代桃僵，谋略凭的是国家能力、智商和需求，但性格的养成却不是一朝一夕的事。国家的性格需要无数个国家观察分析你的一言一行、一举一动，从历史到未来，从过去到现在，如此才会形成你在国际社会眼中的真实性格。

刺客圈与超限战

文/十二叔

侠客来了

自打法家的集大成者韩非子先生给自以为除暴安良的好汉们总结了一个"侠以武犯禁"的名头，先秦时期和秦朝之后数千年的历史当中，还真就没有人逃出这个藩篱。不管是多么高绝的身手、多么高尚的目的，用武力来挑战当权者的权威这一点自古皆然。

尤其是春秋战国各自为战的时代，更加难以分辨谁是侠客，谁又是刺客；谁的行为是为国为民，谁的行动是谋逆作乱。用《潜伏》中的情报贩子谢若林的话来说："这里有两根金条，你告诉我哪一根是高尚的，哪一根是龌龊的？"

先秦是我国侠客史上一段比较特殊的历史时期。在这个特定的时空里，好汉们大多依附于权贵，成为政治斗争的牺牲品。他们为了义气、为了报恩，往往承担起一个国家兴衰的重任，以一己之力，完成行刺贵族乃至国君的大计！

千秋侠客首称曹

"森森戈甲拥如潮，仗剑登坛意气豪。三败羞颜一日洗，千秋侠客首称曹。"这首颇有霸气的七律是称颂一个从将军到刺客的好汉——曹沫。按照太史公的说法，这位鲁国的大将军打仗并不在行，曾三战皆败。但他曾在两国国君谈判期间，挟持齐桓公，夺回齐国吞并鲁国的失地，立下大功。如果不看过程只看结果的话，曹沫也算得上英雄。

在大家的印象中，从事侠客这个行业的人大都是无业游民，无牵无挂走江湖，路见不平一声吼，多么自由自在。可是司马迁在为游侠立传的时候，首先想到的竟然是一位将军，一位在战场上失败而在谈判桌前绑架成功的另类将军——曹沫。

曹沫的故事发生在2 700多年前的春秋时代，那个时候珍贵的竹简和青铜器还不是古董，只是贵族世家的生活用品而已。周天子早已经失去了号令天下的威风，各方诸侯各显神通，凭各自的本事扩展地盘，党同伐异。

在如今山东省的地盘上就有齐国和鲁国两个国家时不时恶战一番。鲁国是周公旦后人的封地，而齐国则是姜太公的地盘。这两位贤人在世的时候关系不错，时常能坐在一起磋商一下治国的方案。可是越往下传，子孙之间的隔阂就越大，到了周天子被西北的武装力量暴打一顿，将都城从镐京迁到洛邑之后，齐鲁之间已经势若水火了。

这一年，是鲁庄公当家。这个庄公比较倒霉，源于他的家庭环境比较复杂。首先他妈是大名鼎鼎的美女文姜，与他的舅舅齐襄公大搞兄妹恋，他可怜的父亲鲁桓公就死在了他妈妈和舅舅的毒手之下。其次，他有哥哥叫庆父，没错，就是"庆父不死，鲁难未已"中臭名昭著的庆父。有这样的亲人在侧，鲁庄公总是闷闷不乐。

家庭不幸，鲁庄公转而追求事业。他发现并破格提拔了一个勇猛无比、力大无穷的人做大将军，这个人就是曹沫。据此估计，曹将军应该是项羽、樊哙这样的猛人，但是不少学者引经据典证明本文的主人公曹沫和中学课本收录的《曹刿论战》中的曹刿是同一个人。这就有点奇怪了，一个是谋臣、一个是武将，不搭边啊！难不成曹沫是一个文武双全的绝世奇才？

可是看看曹沫领兵打仗的记录，我们就唱好不起来了。他曾三次带领鲁国大军与齐军兵戎相见，三战皆败。看来，"不想当将军的士兵不是好士兵"，但"没有当过士兵的将军也未必是好将军"啊！不过鲁庄公是一位好领导，他用人不疑，曹沫三败他都没有问责，还把其他弹劾的意见压了下去。鲁庄公的力挺，也为曹沫在战场之外悍不畏死绑架齐国国君的壮举埋下一个大大的伏笔。

有人纳闷，如果曹沫真有项羽、樊哙那样的武力值，怎么会接连败绩呢？当时齐国的带头大哥又是何方神圣？这个问题问得太有水准了，齐国的当家人是春秋五霸的第一霸主齐桓公姜小白，宰相是大智近妖的人物管仲管夷吾。这一对君臣组合不光大败鲁军，同时代的诸侯国们听到这两个名字都闻风丧胆。摊上这样可怕的对手，不能怪自己不会打仗，只能怪自己生不逢时。

自古以来，打了败仗最常见的就是"割地""赔款"两种对策，都不愿意接受的话，那对不起，等着屠城吧。于是，鲁庄公在曹沫三败之后与齐桓公约好到一个叫"柯"的地点结盟，签订"停战协议"。没办法，胜者为王败者为寇是历史的铁律，没有人能够例外。

吉时到了，齐桓公和鲁庄公都是一身正装，肃穆无比地坐在签单台两侧，郑重签下自己的名字，又让助理盖上了玉印。

两国的史官都在奋笔疾书，共同见证这个历史性的时刻。齐国的史官写道：鲁国元首鲁庄公受我国元首齐桓公的邀请，到齐境进行国事访问。双方领导人在亲切友好的氛围中就两国关系进行了深入交流。鲁庄公表示双方会晤结束之后还要与齐国签订一系列经济合作项目，以及无偿提供两国边境某些土地使用权若干年。

正当两国元首起身，打算共同祭拜周朝宗庙的时候，曹沫却迅猛地冲了上来。旁人只看见人影一闪，一把明晃晃的匕首就顶在了齐桓公的颈间大动脉上。

齐桓公大惊！这个莽夫会要我的命吗？

鲁庄公也是大惊！曹将军有计划怎么不事先通知寡人一声，好让寡人有个心理准备啊！

管仲本来想叫侍卫冲上去，略一思索就叫停了。他知道对方如果安排的是刺客，那么匕首不应该架在脖子上而是刺入心脏。照目前的情况来看，他是绑架人质有所求，而非丧心病狂要杀人了。

想到这儿，管仲稍稍松了一口气，问道："你想要什么？"

齐桓公小白看着闪着白光的刀剑，一阵眼晕，干脆闭上了眼睛，交给管仲处理。

"我想要什么，还用问吗？你们齐国欺人太甚了，让我接连吃了三次败仗，你让老子以后怎么在军队混下去？如今你们又强迫我们割地赔款，你让我们怎么活？要地还是要命，你们自己掂量着办！"曹沫大吼道。

"当然要命！"齐桓公对自己的性命还是很珍惜的，他对管仲说："小管，你把刚才签的合同还给庄公吧，刚才是个误会。还有那个谁，刚才做的会议记录删了吧，就当什么都没发生过。"发号施令之后，齐桓公小心翼翼地问后面的大汉："曹将军，您看这样处理行吗？"

曹沫匕首一扔，很潇洒地拍了拍手，回到了刚才的队伍中间，好像什么事都没发生过一样。这份从容、这份淡定让鲁国来的随员们都捏了一把汗。大哥，这里还是人家的地盘呢，您怎么这么早就把人放了呀，最起码得挟持他护送咱们到边境才是啊！众人感叹，曹将军真不是做刺客的料！不过他刚才扔匕首的那个动作真是帅呆了。

齐桓公的危险一解除，马上招呼自己人过来，他要反悔了。刚才性命被别人拿捏着，答应曹沫只是权宜之计。如今在自己的地盘上被战败国的败将侮辱，以后怎么抬头做人？如果齐桓公真的食言，不但曹沫的计划失败、鲁国的土地照样交割，就连这群前来参加"签约仪式"的外交大臣们恐怕老命都得留在齐国了。

关键时刻，管仲说话了。他拉住盛怒的齐桓公，直谏说："夫贪小利以自快，弃信于诸侯，失天下之援，不如与之。"

作为下属，管仲真的是太称职了。他为老板分析了当时的状况，简而言之，"您是要眼前的小利还是长远的大利？现在把鲁国来使们都杀了不费吹灰之力，但是您就会失信于天下了。如果您信守诺言，那么将来得到的绝不仅仅是小小的鲁国"！

小白毕竟是优秀的政治家，他明白一时的面子与千秋功业相比太微不足道了。他听从了管仲的建议，将"曹沫三战所亡地尽复予鲁"。之后还大大方方地把鲁庄公一行送到了边境。

曹沫的举动看似莽撞，结果却实现了双赢。鲁国拿回了曾经失去的国土，而齐国则因为齐桓公的"重信守诺"引得各国诸侯佩服不已，"皆信齐而欲附焉"，可谓名利双收。没过几年，齐桓公成为春秋时期第一位霸主。

曹沫以一己之力，敢于在外交场合劫持当时超级大国的一号首领，这份胆略、这份气魄有几人能比？他能劫持成功，还能全身而退，这在春秋战国时期所有的刺杀行动中是特例。或许是受到曹沫的影响，才有了荆轲、蔺相如等人前赴后继的"恐怖"行动。

这样的刺客很专业！

吴王阖闾，这个威名赫赫的中兴之君在攀折权势的途中，至少在两次关键时刻起用了刺客。幸好两次派出的死士都不辱使命，为阖闾的春秋霸业奠定了基础。这两位死士的名字并不响亮，他们一个叫专诸，一个叫要离。引荐这两位死士与吴王阖闾相见的是同一个人——一代名将伍子胥。

以后世的眼光来看，伍子胥的心智、谋略、武功都是一流的，但从他隆重推荐了两位对吴国国运产生巨大影响的刺客事件上不难发现，他本身还是一个相术大师。

这位伍子胥先生并不是土生土长的吴国人，他本是楚国的世袭贵族，前途无量。公元前522年，楚国的国君吃错了药，突然怀疑伍氏父子谋逆，遂斩杀了伍子胥的父兄。他一路狂奔，逃到了东海之滨的吴国。当时，楚国强大，论武力、论财力都比吴国高出好几个档次，伍子胥本以为他的到来会让吴王僚倒屦相迎。可是吴王僚仿佛不知道"外来的和尚会念经"，并没有对其青眼有加。

伍子胥在郁闷之中，和一个杀猪的壮士专诸成为好友。他亲眼见过这位虎背熊腰的"万人敌"在市井间与人打架的气势，也知道这位外表粗豪的汉子是个大孝子，这才有意与之结交。与专诸大碗喝酒、大块吃肉的闲暇间，伍子胥慢慢发现不得志的吴国公子光是一个值得拉拢的对象。

"专诸老弟，不瞒你说，我时时刻刻都想杀到楚国去，为我死去的父兄报仇雪恨！"伍子胥每每吃过专诸亲手烹制的猪肉之后，口腹满足之际就会莫名的忧伤。

"伍兄，我是个粗人，承蒙你不嫌弃，天天与我吃酒。这样吧，我帮你料理了楚王那个老匹夫，如何？"专诸热心地说道。

内室传来妻子略微不满的咳嗽之声，专诸赶忙噤声，不敢就杀人的话题继续下去。

伍子胥不以为意，他早就知道专诸天不怕地不怕，偏偏惧怕老娘和老婆两个手无缚鸡之力的女人。就是这一点赤子之心才让他放心与之交往的。一开始他也曾像其他喜欢八卦的人一样与专诸讨论过"怕老婆"这个亘古不变的话题，得来的却是对方一句大义凛然的"能屈服在一个女人手下的人，必能伸展在万夫之上"。有了这句话，更让伍子胥认定专诸必是对自己大有助力的人才。

他来到吴国的这些日子，一直在留意吴国王室的情况。不留意还不打紧，一留意却了解了不少内幕，伍子胥笑了。

原来吴国的王位继承颇有意思，最早是公子光的老爸诸樊当政，他有一个儿子三个弟弟，这四个人都有继承王位的权力。诸樊最中意的是四弟季札，但他没有直接传位给季札，而是自以为高明地把王位传给了二弟，并要求二弟坐够了传给三弟，三弟坐够了传给四弟。这种做法在为了争太子之位恨不得杀兄弑父的人看来，太不可思议了。这个传位大法到了他三弟夷昧临死的时候出了麻烦，他四弟季札不知道出于什么考虑，打死也不登基。夷昧只得传位给了自己的儿子，也就是吴王僚。

这下公子光不干了。他是老大诸樊的儿子，当然对此愤愤不平了。在他看来，如果兄传弟的话，四叔继位他无话可说。可是如果父传子，那么他是诸樊的儿子，应该传给他才对，凭什么三叔的儿子要居他之上。有了这种芥蒂，伍子胥要乘虚而入就容易多了。

一来二去，公子光和伍子胥达成了密谋，只有除去吴王僚，两个人才能实现各自的愿望。吴王僚春秋鼎盛，不会无故暴毙，那就找一个合适的人在合适的机会干掉他吧。专诸在这种情况下出现在公子光的面前。

公子光听了伍子胥的意见，对专诸礼遇有加，对专诸的母亲更是尊重。他每天都去给老太太请安，隔三差五就送点补品过去。专诸那是看在眼里，记在心上。公子光向专诸透露自己的堂弟吴王僚最喜欢吃烧鱼，如果能够在这个方面动动脑筋，成功的把握就大一些。

专诸原本杀猪的时候就善于烹调猪肉，有良好的大厨基础。这次他专门去太湖边学习烤鱼的技巧，做出来的烤鱼香味四溢，令人馋涎欲滴。公子光得到了一把铸剑大师欧冶子锻造的精巧短剑，将它交到专诸的手上。与烤鱼打了几个月的交道之后，专诸看什么都像鱼，干脆给此剑一个新名字——鱼肠剑。他不知道，鱼肠剑的威名将会随着自己接下来的行为成为名垂青史的勇绝之剑。

这一天，公子光设全鱼宴邀请吴王僚做客。彼时，吴王僚对公子光的小动作已经有所察觉了，于是他身披重甲，带着隆重的侍卫团参加了宴请。当时还没有"鸿门宴"的叫法，但这场宴会确确实实是公子光为堂弟准备的最后一餐。他在席间假装扭伤了脚踝，退了下去，换了藏在暗室中的专诸端着香喷喷的烤鱼上来。

正当吴王僚准备大快朵颐的时候，烤鱼师傅忽然动了。他拆鱼、拔剑、行刺一气呵成，没有任何悬念，吴王僚挂了。虽然他重甲在身，虽然他侍卫在侧，奈何专诸的动作太快，鱼肠剑太过锋利。假使后辈荆轲能有专诸一半的速度，或许历史就会改写。

没有假使了，专诸一击得手，马上被反应过来的侍卫们扎成了刺猬，连一句遗言都没来得及留下。想到行刺之前公子光"我身既尔身"的承诺，专诸死得很瞑目——自己只是一个平凡的屠夫，但是因为结交了伍子胥、公子光这样的贵族，母亲得以风光大葬，儿子将会拜为上卿，自己还有什么不满足的呢？

果然，吴王僚死了之后，公子光摇身一变，成为春秋五霸之一的吴王阖闾，专诸的儿子果然得到了重用，而专诸的骸骨也被收在"专诸塔"中享受着后人的香火。

可是吴王僚虽死，他的儿子还在。据说这位叫庆忌的王子神勇异常，比他爹还要难对付。

很多人都信誓旦旦地说庆忌能生裂虎豹、拳毙惊马，此人曾遭遇过一次暗杀，但刺客射来的满天箭雨都被人家抓在手中，生生把刺客气得吐血而亡。有这样的猛人做对手，吴王阖闾神经再大条，也是寝食难安。这回他算是明白了为什么四叔季札会坚辞不受这个王位，原来不是不喜欢做国君的感觉，实在是有庆忌这样的人虎视眈眈，做国君都是食不甘味啊。

"既然堂弟都杀了，也不在乎再多一个索命的亲人，还是找人把庆忌做了吧。"阖闾郑重地找来伍子胥，请他再帮忙物色一个刺客。毕竟自己的王位来得不太光彩，他不敢把这样机密的事情交给本国人来做。

伍子胥办事效率就是高，没过几天就领来一个瘦小干枯的人对吴王说："这就是我为您找到的勇士——要离！"

"噗！"正在喝茶的阖闾很没风度地将刚刚入口的甘露吐了出来。"先生是在和本王开玩笑吗？"阖闾说。

"不敢。要离确实是我认为最适合执行任务的勇士了，大王。"伍子胥毕恭毕敬，半点开玩笑的样子都欠奉。

而要离则是古井无波，极有武林高手的风范，对吴王的蔑视视而不见。活了这么多年，他早就习惯被别人以貌取人或者选择性地无视了。是的，自己只是一个普通的渔夫，既不高大也不魁梧，与大人物心中威风凛凛、杀气逼人的英雄画不上等号。但是他们以为只有外表拉风的人才能杀人，看来还真是"肉食者鄙"。后世的特务机构付出了很大代价才明白，越是貌不惊人的人才越有可能成为一名出色的刺客。

要离对自己的智谋和武功都很放心，他也相信伍子胥肯定能说服吴王，给自己一个改变命运的机会。不要怪他的功利心，"人往高处走"不过是本能的驱使而已。要知道春秋和战国的区别在后世看来不过是时间早晚的问题。但是对于要离来说，春秋时代还处在奴隶制社会晚期，小人物想要出人头地怎一个难字了得？

如果孔圣人早出生一百年就好了，自己还可以到那里登记一下姓名成为圣人门生，如今，只有凭自己一腔热血为自己、为家人博一份美名了！

本国不是出了一个专诸吗，他和我水平相当、身份相当，虽然没有一起喝过酒，但要离一向将专诸引为知己的。虽然前辈身已死，但是能凭一己之力与国君共谋大事，这是多大的荣耀！他也要出名，也要封妻荫子，让自己和专诸前辈一样成为圈中人的传奇。

要离沉浸在自己即将为国君赴汤蹈火的梦想中，与此同时，伍子胥拉着吴王到了后室，苦口婆心地劝解起来。谁让自己家破人亡从楚国跑了出来，如今与阖闾这家伙绑在一条船上？不得不打起十二分的精神扶持阖闾坐稳屁股底下的王位。

伍子胥心想，上次要不是哥们把专诸推荐给你，你能杀了吴王僚登上王位吗？如今竟然怀疑我的眼光！尽管对阖闾的相人眼光很是不满，但伍子胥还是很敬业地把关于要离的段子一一道来。故事讲完之后，阖闾对要离的印象大为改观，马上提出要与这位勇士共进晚餐。

说起要离的传奇色彩，一点儿也不比专诸逊色。别看他先天不足，身体发育上受了限制，但是圈内人都知道要离可不好惹，这个人的隐忍狠辣非常人可比。当年东海勇士椒丘䜣来吴国耀武扬威、不可一世的时候，正是其貌不扬的要离为吴国的江湖好汉们争了口气，大挫了此人的威风。他当众羞辱了椒丘䜣，还预言椒丘䜣当晚必定来杀自己泄愤。

要离回家之后就让老婆把门窗都打开，专门候着椒丘䜣。果然，椒丘䜣来了，还把利剑横在要离的脖子上。但是要离面不改色，依然像白天一样大骂对方，一番强硬反倒使得椒丘䜣心服口服，干脆自刎于要离面前。这个段子虽然没有显露出要离的武力值如何，但他的骂功和勇气可见一斑。

正是这个段子，让阖闾收起了他的轻视之心，转而与要离进行"友好协商"。一个为了巩固自己的地位，一个为了提升自己的地位，两个人谈得还算愉快。没有人能够想象在表面愉快的协商中，阖闾和要离制定了一个怎样变态的苦肉计。

会谈之后没过两天，阖闾正式邀请要离出席宴会。喝得脸红耳热之后，要离提出要与国王切磋一下剑术。一切磋不要紧，要离竟然"不小心"用竹剑刺伤了阖闾的手腕。这还了得，看到国君手腕上滴出鲜血，要离吓傻了。阖闾命人砍下要离的右臂抵罪，还派人捉了他的妻儿，管杀不管埋，直接将尸首扔到大街上，名曰"弃市"。这下，全国都知道要离恨死了吴王，所以当独臂要离历尽艰辛逃到庆忌身边的时候，没有引起对方丝毫的怀疑。毕竟后世的"周瑜打黄盖"不过是皮肉外伤而已，哪有这样自残躯体还搭上家人性命的狠人？

庆忌与要离同仇敌忾，二人都视吴王阖闾为最大的敌人。几个月之后，庆忌讨伐吴国，开头的几场仗打得很是顺利。庆忌一高兴，就提出在太湖的战舰上举行一场欢宴，小庆一下眼前的胜利。

要离知道，自己的机会来了。那一天有风，要离很自然地起身坐在了上风口，做出为庆忌挡风的殷勤举动。有人偷笑，就凭要离二等残废的身高还要为庆忌挡风，当真是不自量力。趁庆忌端起酒杯的一瞬间，要离突然发难，用残存的左臂用力刺向庆忌胸膛。要离在未失右臂的时候，搏击之术在吴国也排得上名号，但是他现在以残躯袭击吴国第一勇士，哪怕是趁人不备，成功的可能性也并不大。果然，胸口中剑的庆忌把要离像拔萝卜似的倒提起来，浸到水中，似是要他醒醒脑，为什么会做出行刺的愚蠢举动。如此反复了几次，才把刺客扔到船舱之上。左右拥上来，要将要离碎尸万段，庆忌却和赵襄子一样大度地表示："放了他吧，成全他对吴国的忠义吧！再说难得有勇士敢对我行刺！"

庆忌有赵襄子的胸怀，却没有人家的幸运。放掉要离之后他因为失血过多也倒下了。

要离跟跟跄跄回到了吴王身边，所有人都以为这个其貌不扬的家伙终于能够扬眉吐气了。阖闾也拿出了足够的诚意，说要给要离一块封地，让他再续娇妻美妾，后世子孙可以做世袭的领主。对于要离来说，妻儿因己而死，如今已经完成使命，真要接受吴王的封赏，自己不就成了踩着亲人的尸骨上位的无耻之人了吗？

罢罢罢，我还是赶紧去阴间向妻儿赎罪吧，现在去，也许还来得及。要离没有在众人的白眼中接受封地，而是在金殿自刎，成全了自己行刺庆忌并非贪图权贵的名声。吴王命人将要离的坟墓立在专诸旁边，这两个人生前没有交往，死后可以好好交流交流了。可是专诸有做了大官的后人年年来祭拜，还有几个人记得要离是谁呢？

做刺客就要对自己狠一点

说起晋国的来历挺有意思，这事得从周天子的家长里短谈起。当时周成王还小，有叔父周公旦监国，他最大的乐趣就是吃饱喝足之后带着几个弟弟一起在院子里过家家。

一天，成王看见梧桐树的叶子有点像玉圭，他就学着朝堂之上叔父的威仪，将树叶赐给三弟，大方地封赏了弟弟一个唐国诸侯的显职。弟弟倒也乖巧，非常配合就"谢主隆恩"了。本来两个孩子谁都没当真的玩笑却被周公旦知道了，这个史上第一位"摄政王"搬出了"君无戏言"的大帽子，没办法，成王只好举行了一个册封仪式，兑现了承诺。

唐叔虞的封地就是今天的山西。他在世时称为"唐国"，后来被儿子改为"晋国"。只要是国家，肯定有过短暂或者稍微长久的辉煌。而晋国的权力就在晋文公重耳的手中达到了巅峰，能"以诸侯而立天子"，直接参与周天子的废立大计。

盛极之后，晋国国君的权力也逐渐被架空，有了"六卿"掌国的局面。六卿者，韩、赵、魏、范、中行及智氏是也。"三家分晋"在史学家眼中是一件影响天下格局的历史事件，但是在智瑶与赵襄子之间有一个小小的关于报恩与刺杀的小段子却成为很多文人眼中极佳的素材。

那一年是周贞定王十七年，距今已经过去了2 400多年了。一个换了三份工作的职业"食客"即将谱写出一段比六卿夺宫更为惊心动魄的刺杀故事。

故事的主人公叫豫让，他们家祖上都是喜欢弄枪舞棒之人，性格内向而偏激，一旦认定的事情，十头牛都拉不回来。知道他这个性格，就不难理解他后来的所作所为了。

豫让没出来混社会的时候，很想像祖先一样成为国君的安保人员，既威武又实惠。他辛辛苦苦学艺下山之后，发现世道变了，想找份里子、面子都有的工作实在是太难了。没办法，梦想只能束之高阁，他投身到了轰轰烈烈的求职大军中。

经过一番明争暗斗，豫让使出了十八般武艺之后，被六卿中的范氏录取了。可人家只给了他一个"弼马温"的工作职位，让他专门伺候老爷们的坐骑。他觉得很受辱，干了没多久就撂挑子不干了。

他的第二份工作是在中行氏的府上谋得的。这一次的待遇提高了不少，做了一名能骑马的小尉。但是，豫让还是觉得不满意，区区小尉离自己的目标还差得很远。没过多久，他又辞职了。

豫让认真总结了前两次职场失意的原因，发现如果不能在老板经常出没的区域露脸，工作再努力都是浪费。他决定这次一定要好好把握机会，让老板赏识自己。他的新主子是晋国六卿中实力最强的智氏，家主智瑶还真是很有眼光，对豫让很是器重。当然，这份"器重"很有可能是豫让一厢情愿的看法，智瑶是个很有魅力的领导，一句肯定的话或者一个赞扬的眼神都会让年轻人生出"士为知己者死"的冲动。总之，豫让认为自己遇上智瑶就像良禽遇上了可以择而栖之的良木一样可喜。

史书上说智瑶（也叫荀瑶、知襄子）不但"高富帅"，而且才艺也相当出众。他弓马娴熟、能言善辩、相貌堂堂，是很多家臣的偶像。豫让就是智瑶的粉丝之中最铁杆的那一个。豫让看不出来的是智瑶内心刚愎自用、心狠手辣，是典型的"腹黑男"。

公元前475年，智瑶成为晋国的"轮值主席"，他准备利用上任的机会将韩赵魏三个家族逐一吞并，独占晋国（此时范氏、中行氏已经被灭掉了）。赵国的赵无恤（即大名鼎鼎的赵氏孤儿的后人，也叫赵襄子）的情报工作很到位，很快就知道了智瑶的"阴谋"。

他提前联系了韩、魏两家，一手策划并主演了"三家分晋"的历史大戏。

赵无恤也是猛人一个，杀了智瑶这个人还不算完，竟然将智瑶的头盖骨打磨成容器，放在室内观摩。坊间就传出赵襄子每天拿着人头喝酒取乐以及用智瑶的头颅做小便器的两种传闻。不管是哪一种传闻，都是绝对的重口味，可见他对智瑶恨之入骨。

智伯和赵襄子两个人的仇恨也是孩子没娘，说来话长。

在赵襄子还是赵无恤的时候，也就是继位之前，曾与智瑶一同率兵出征。智瑶酒品不好，自己喝多了就强灌赵无恤喝酒，不但强灌，还动手打了人家。这一件事让赵无恤怀恨在心。后来智瑶当家之后，一心成为晋国第一家，因此对威胁最大的赵氏的打击不遗余力。他总是挑一些小毛病来考验赵襄子的忍耐力，逼得对方渐生反意。智瑶故意向赵氏索要两块封地，说是要交给公家。赵氏当然不同意，那就打吧，用拳头说话。

韩、魏两族的人本来想做墙头草，看看情况然后伺机而动。智伯不给他们观望的机会，内战一开始，就把两家拉下水了。

智伯率三家围攻赵氏固守的晋阳城，本以为胜券在握。谁想到赵襄子的晋阳城固若金汤，被围攻了两年也没拿下。当然，不能排除韩魏两族的人出工不出力的可能性。赵襄子一面抵抗，一面派人出城与韩、魏两家的家主沟通，给他们灌输"狡兔死，走狗烹"的思想。两家的思想工作做通了，赵家避过了灭族之祸。

多年的积怨喷发出来，赵襄子收藏智瑶的头颅也算情有可原了。

智瑶被灭族了，他的门客们也都逃得一干二净，另谋出路了。只有一个豫让很死心眼，一心要为主人报仇。在豫让看来，赵襄子这个匹夫竟然把自己主人高贵睿智的头颅当成夜壶来使用，是可忍孰不可忍！他将赵襄子作为第一复仇对象，内心充满仇恨！

有朋友知道了豫让的想法，就劝他假装投靠赵襄子，然后再伺机报仇，成功率一定很高。可豫让听了这条建议，认为朋友是在"侮辱"他。如果他以这种龌龊的方式使得智伯大仇得报，怎么有脸去见地下的主人？因此，当其他刺客以完成刺杀目的为最终目标的时候，豫让在没有任何人逼迫也没有任何人协助的情况下，坚持以"国士"的方式来报答智伯以"国士"对待自己的恩德。

他挥刀自宫为阉人，隐姓埋名混到赵国的封邑做了一名扫厕所的杂役。这个人对自己真是狠，狠得令人同情，也令人害怕。

他每天晚上都打磨一把匕首，时刻不忘饱饮敌血。据说，豫让的匕首被他天天贴身揣着，已经能领悟主人的思想了。有一天，刀尖隐隐有血光流动，豫让想起神兵利器饮血之前必有异兆的说法，知道机会来了。

这天，赵襄子内急，刚巧就进了豫让负责清扫的一间厕所。这位仁兄刚刚坐到马桶上准备放水，忽地感到一股杀气。对于赵襄子这种枭雄来说，预先嗅到危险来临并不奇怪，他只是纳闷是谁要对自己不利呢。他顾不得提裤子，就疾呼侍卫过来搜查厕所，结果发现了一脸义愤的豫让同学。

赵襄子早就听说过豫让的大名，他的情报人员一直没忘提醒他这位智瑶的"死士"还没有落网呢。侍卫打算送豫让去西天和旧主见面，豫让也是一副视死如归的倔犟模样。他隐忍了许久，还没行动就被人家揪了出来，岂是愤懑两个字就能形容的。他将匕首转向自己，大呼："大丈夫行事恩怨磊落，复仇无门，唯有一死！"赵襄子却挥挥手，示意手下把他放了。

"这样感念旧主的人倒称得上忠义二字，我若杀了他，反倒成全了他的美名。还是放了他，让他去吧。"其实不到非死不可的时候，谁不愿意苟且偷生呢！果然，赵襄子下令释放让豫让暗自松了一口气，他有点佩服赵襄子这个人了。豫让像执著的灰太狼一样，对赵襄子说了一句经典台词："等着，我还会回来的。"

他认为自己刺杀失败的原因是容貌仍在而被人认出来了。这一次他对自己更狠，他吞下火炭，让声音变得嘶哑难听，并用火漆涂抹身体，让外貌愈加丑陋。这样还不算，为了改变自己"国士"的气质，他整天和乞丐们混在一起，学人家衣衫褴褛、畏畏缩缩的样子。

有一天，他老婆上街从他身边经过，也没有认出眼前又脏又臭的乞丐就是自己那整天不着家的夫君。其他乞丐在不经意间对上豫让的眼睛时，才会猛然警醒：这个人"非我族类"。用一句很老套的话来形容就是"如果眼神能杀人"，那赵襄子早就死了一百回了。可惜，赵襄子没有理会一个流落街头的乞丐，人家在自己的宫殿日理万机，偶尔怀念一下智瑶这个昔日对手。身份之间的巨大鸿沟让豫让飞蛾扑火般的刺杀之路变得更加曲折。

丐帮素来是传播小道消息的最佳渠道，何况是存心打听一个名人的动向。豫让终于等来一个绝佳的刺杀机会——赵襄子要出来狩猎了，赤桥是他的必经之路。豫让早早就来到桥下隐蔽起来，等着赵襄子的车队。按照郭德纲的说法："天是冷的，桥是冷的，水是冷的，这个人的心也是冷的。"他只有一双眼睛是热的，燃烧了仇恨的火苗。此时，仇恨纯粹变成了支撑豫让活下去的精神力量，至于仇恨对象反倒不重要了。他无数次想象自己手起刀落赵襄子人头落地的血腥场面，抑制不住地兴奋起来。

赵襄子来了！

豫让听到了"车辚辚，马萧萧"，听到了侍卫们低沉的御马之声，甚至听到了坐在车上的赵襄子的轻笑！忽然间，赵襄子奇异的第六感再一次救了自己，暴露了豫让。不仅是他，连为他驾辕的骏马都像是有所察觉，任凭车夫怎样呵斥都不再前行一步。

"豫让，一定是豫让！"赵襄子马上想起了那个在厕所中拿着匕首准备刺杀自己的死士。这时一个黑衣人手持匕首向自己的车驾奔来。很快赵襄子手下的卫队就制伏了光天化日之下前来行刺的人。这是豫让吗？这是那个睥睨天下、国士无双的豫让吗？这是那个忍辱负重、一心为旧主复仇的豫让吗？

赵襄子对豫让的忠义很是敬重，但越是这样的人对自己的威胁也就越大。他就地召开了一场别开生面的记者招待会，允许自己的卫士们向豫让提问。豫让虽然衣衫褴褛，但是神情一如王侯，他整了整身上的破衣裳，安然坐下，接受提问。

"请问豫让先生，我听说你不仅做过智瑶的门客，范氏、中行氏也都是你的旧主。那你为什么不替他们报仇呢？"第一个问题就很专业。

"没错，智伯是我的第三个老板。但是他却是第一个把我当做人才来培养的伯乐。范氏、中行氏目光短浅，看不出我是一匹千里驹，把我当成普通人来对待，他们死了，我当然以普通人的身份来对待他们。智伯不一样，他是以国士来对待我的，所以我当然要以国士来报答他！"豫让的回答有理有据、声情并茂，真是一个合格的新闻发言人。

"我们主人已经饶恕你一次了，你为何还不悔改？""赵襄子不但杀了我老板，还拿他的头颅当夜壶，我当然要刺杀他，至死方休！"豫让高傲地回答。"你死到临头了，请问还有什么未了的心愿吗？如果你提出和家人见一面之类的请求，我们主人可以考虑的。""我别无他求，只恨未能杀了赵襄子。我恳求借赵襄子的一件衣衫，让我刺上一剑，豫让当死而无憾。"

赵襄子坐在车上，将这些对答听得清清楚楚。他让手下拿一件自己的常服递给豫让。豫让拔剑击衣，连刺了三下，才稍解心头之恨。做完这件事，他向赵襄子低头一揖，便横剑自刎而死。

这件事很快传遍三晋。家主们在各自的地盘树起了"向豫让学习"的标语，告诫自己的门客、手下学习豫让忠贞侍主的精神。家臣们则开始考虑，目前主人是以"国士"还是以"下士"对待自己呢？老百姓则是对豫让离奇的故事感兴趣，不遗余力地传扬他的事迹。豫让虽然生在山西，但他死在河北，所以太原和邢台两地都建了"豫让桥"供后人来凭吊。而豫让也成为"燕赵自古多感慨悲歌之士"的首席代表，比荆轲还要早200年。

豫让成为"士为知己者死"的最佳形象代言人。

"豫让桥，路千里，桥下滔滔东逝水。君看世上二心人，遇此多应羞愧死。"

"伤心国士酬恩地，瘦马单衫豫让桥。"

后世人路过邢台豫让桥，总不忘以诗言志，抒发自己对豫让精神的感悟。

豫让的故事是一个自发自愿没有悬赏的复仇故事，一个自残躯体忍辱负重的悲情故事。智瑶并不是仁义道德的好人，赵襄子也不是穷凶极恶的反派，一个叫豫让的刺客却为了智瑶而处心积虑多次刺杀赵襄子。他在用自己的方式诠释什么叫"人以国士待我，我以国士报之"。

又一个悲剧英雄

专诸和要离的魂魄已经散尽，豫让的热血已冷却，轰轰烈烈的战国时代却没有消停下来，依然不断上演着暗杀与被杀的血腥大戏。一个职业侠客即将转业为职业刺客，粉墨登场。或者说侠客和刺客之间并没有清晰的分界线，偶尔互换一下身份也不是什么大事。

与干枯瘦小的要离不同，另一名刺客聂政的面相要好得多。他高大英俊、玉树临风，不但使得一手好剑，还弹得一手好琴。这样的人若是放到现在，恐怕走到哪里都会引起成群女生的尖叫。如果聂政有一个"名爹"，那他绝对是一位翩翩浊世佳公子，谱写风流倜傥的精彩人生。

可惜的是这位帅哥的父亲只是一名铸剑师，更不幸的是铸剑师在儿子还未出生的时候就得罪了一位高官，被腰斩于市了。所以，聂政是个遗腹子，压根就没有见过父亲一面。

小的时候，他就很羡慕别的小朋友都有爸爸妈妈，而自己却只有妈妈和姐姐两个亲人。聂政的妈妈像天下所有坚强的寡母一样告诉儿子，爸爸出远门挣钱去了，很久才能回来。聂政一天比一天长大，妈妈知道瞒不住了，才告诉他："你爸爸早就被人杀死了，我们的仇人叫张睢。从现在起，你练习剑术，准备报仇吧。"

聂政很听话，告别了同龄人喜欢玩的各种游戏，开始苦练剑术。

"十年磨一剑""君子报仇，十年不晚"，有了这样的座右铭激励自己，聂政足足准备了10年。当他认为有十足的把握可以杀掉那个叫张睢的侯爷的时候，他才悲哀地发现人家位高权重，根本不给自己公平决斗的机会。想要替父报仇，只能走"暗杀"这条路。

他花了很多时间打听到这个张睢比较风雅，尤其喜欢听琴。如果能以琴师的身份接近他，行刺成功的可能性会大大增加。唯一的困难就是张侯爷不喜欢听合奏，喜欢独奏，自己想当个南郭先生滥竽充数都不行。为此，聂政又开始学琴，足足三年，才确信凭借自己的琴艺定能登堂入室，接近张睢。

他和后世的高渐离心有灵犀，想到了把剑藏到乐器中的法子。正当张睢摇头晃脑沉浸在悠扬的乐曲声中时，一把利剑从琴匣中抽出来砍下了他的头颅。杀了这样的大人物，韩国铁定是待不成了。聂政按照事先计划好的路线，带着母亲和姐姐到了齐国，隐姓埋名做了一名杀猪屠狗的职业屠夫。

一开始其他屠夫还有点瞧不起新来的这位同行呢。在山东大汉眼中，聂政没有络腮胡子和黑乎乎的胸毛，根本不是圈内人。但是，当聂政露出一手庖丁解牛般的刀功时，他们才感慨着"人不可貌相"四散开去。倒是聂政的摊位前，天天都有大姑娘小媳妇儿拿着铜板来买肉，她们每次要的都不多，恨不得一斤肉分成十次来买，好见识这位壮士挥刀割肉的潇洒动作。

山东这地界民风淳朴，聂政想在这里为老娘养老送终、把姐姐送出闺阁也是不错的选择。自己的杀父之仇已经得报，虽然背井离乡，但过得还算自在。好了，不惹事了，琴剑江湖的那一套玩意儿都忘了吧，我已经不属于江湖了。

他想远离江湖，忘记仇恨，可是有人却千方百计打听到了聂政的下落，请他出山。这个人是韩国的大夫严仲子，并非聂政的旧时相识。原来严仲子与宰相侠累两个人因为政见不合经常在朝堂之上争吵。士大夫虽然也是贵族，但是人家侠累是王室，不是一个级别的对手。严仲子害怕侠累报复自己，不敢在韩国好好上班，自请了一个驻外大使的差事，长期在国外进行"国事访问"。他的心腹知道主人一直在物色合适的刺客，好杀了侠累，免得再受奔波流离之苦。

可是想找一个合适的刺客谈何容易。谁都知道那是九死一生的活，弄不好还要牵累家人。况且刺客是拿钱雇来的，如果人家不讲职业道德，临阵倒戈把自己卖了，上哪哭去？严仲子到齐国访问的时候，从特殊的渠道打听到了聂政杀了张睢那个家伙后躲在这里杀猪卖肉。想起关于聂政的传闻，严仲子决定厚交此人。

他自降身份多次上门拜访，但是聂政总是客气中带着疏离，并没有任何亲近的表示。不过细心的严仲子发现聂政这个人虽然不贪杯、不贪财，对美女的免疫力也很高，但是此人特别孝顺自己的母亲，看来想要打动聂政出山，还要在老太太身上下工夫。

当年吴王阖闾不就是善待专诸的老母才得到专诸这个死士的吗？严仲子对自己的新发现很是满意，以后再来聂政家拜访时，专门带上老太太喜欢的一些小礼品。他曲意逢迎，哄得聂政的母亲很高兴，经常在儿子面前美言这个严仲子先生不摆架子、平易近人，值得深交。老太太过生日的时候，严仲子还送来百两黄金作为寿礼。聂政知道，这个人对自己下了足够的本钱，再不答应的话怕是要"敬酒不吃吃罚酒"了。他就对严仲子说："我不是不想帮你，侠累这个狗官确实该杀。可是家亲在不远游，我也不想让老娘白发人送黑发人。这样吧，如果你相信我，那么等我母亲百年之后，不用你催，我都会去取了侠累的性命。"

得到了聂政的一诺，严仲子长出了一口气。自己的感情投资果然没有白费，看来越是重感情的人越容易收买啊！当然这话他只敢在内心感叹一下，而不敢当着聂政的面说出来。

几年之后，严仲子听说聂政的母亲去世了，马上赶过来帮这位大孝子举办了一场隆重的葬礼。聂政也明白严仲子帮母亲风光大葬只是表面目的，实际上他是来催自己上路了。

看在母亲的晚年得以安享的份儿上，还是履行自己当初的承诺吧。服丧期满之后，他向严仲子告别，说自己要回韩国了。严仲子心中一喜，表面上还是依依不舍地挽留了一番，问聂政需不需要帮手，"侠累那个老匹夫是韩王的亲叔父，守卫森严，我已经失败好几次了。既然你要出马了，我还是安排一队人马给你压阵吧。"

聂政听了这话，一脸的黑线。心想："怪不得你行刺几次都失败而归呢，既然是暗杀，找那么多帮手干吗？人多手杂反倒碍事，不如自己一人做起来痛快！"有数年之前成功暗杀张睢的经验，还有这些年不断地杀猪宰狗的经验，聂政觉得自己的杀人之技更精湛了。要说还有什么牵挂的话，就是自己嫁到齐国的姐姐了。自己万一暴露了身份，恐怕会牵连到姐姐一家。

什么叫专业刺客，从聂政回到韩国之后的一系列动作就能看出来。他走访调查，掌握了韩国宰相侠累的出行规律，他昼伏夜行确定了侠累的作息习惯，最后定下一个大胆的行刺方案。聂政都能想象出当严仲子看到自己的方案时大吃一惊的模样——他决定放弃夜间暗杀，改为光天化日之下明杀。因为聂政通过多日来的调查发现，侠累这样的人得罪的人不知凡几，所以晚间和出行期间的防备密不透风。所谓"最危险的地方就最安全"，那么反过来说"最安全的地方也是最危险的地方"。聂政就是要在大白天，将侠累杀死在宰相府。

那一天阳光极好，还有点微风。按照古龙的说法"这样的天气最适合杀人了，有阳光的照射，有微风的吹拂，血会干得快一些"。聂政按照自己的计划，于正午时分出现在宰相府门前。看到侠累在朝堂之上颐指气使的样子，聂政持剑直奔过去，持刀荷戟的侍卫们一时之间竟然没有反应过来。没有任何悬念，养尊处优的侠累被一击毙命。聂政得手之后没能全身而退，他和专诸一样被层层围上来的侍卫们戳成了蜂窝。聂政最令后世武者震惊的是他在临死之前剥去了自己的脸皮，挖出了自己的双眼，还像日本的武士一样剖腹，拽出了腹内弯弯曲曲的肠子……太血腥了，太残忍了，所有的侍卫们都停止了动作。没有人知道这个刺客为什么做得如此决绝。后来有人反应过来，他是怕被人认出来，祸及家人。

宰相大白天在自己的地盘遇刺身亡，竟然查不出凶手是谁，这件悬案成为韩国老百姓最喜欢谈论的话题。每个人都认为侠累是罪有应得，同时每个人也都好奇那个决绝的刺客到底是谁。这件事传到了齐国，传到了聂政的姐姐聂荣的耳朵里。聂荣不忍独活，跑到韩国宰相府门口自杀了。

世人都说聂荣是个奇女子，与聂政可以并称为"聂氏二侠"。

笔者也同意聂荣是"奇",不过我好奇的是聂荣已经出嫁好几年了,为什么不留恋自己的丈夫和孩子,反倒为弟弟陪葬呢?哎,女子的心事有时比刺客的行为还要难以捉摸。

史上最著名刺杀团队

2 200多年前的一个秋日,奔腾不息的易水河畔迎来一群神色戚戚的男人。后来,队伍分成了两路,一路继续前行,而另一路则目送前面这一路,从这种场面来看,应该是一场"十八相送"。

果然,送行的人群中有一个人身份尊贵,他是燕国的太子姬丹。只见太子一身白衣,脸色呈现出一种病态的潮红。仅仅是普通的送别的话他激动个什么劲呢?原来,他是在为自己一手培养的"刺秦敢死队"送别,送走了这个刺杀二人组有可能换回秦王的人头,让他如何不激动?

在始皇帝统一六国之前,辽阔的中国大地名义上都是周天子的地盘。实际上的周天子却像那茶几上的"杯具",政令也就是王宫的几个值班人员做做样子听一听。

"客大欺主"是铁律,既然周天子软弱,下边的大小诸侯们就不客气了。于是大鱼吃小鱼、小鱼吃虾米的战争此起彼伏,改朝换代的戏码也在不断上演。经过"优胜劣汰、适者生存"的自然法则洗礼之后,大多数小国都半推半就地抱上了邻近强国的大腿。东部还有六国尚存,而西部则是秦国一家独大。信奉"擒贼先擒王"的国主们纷纷把主意打到了未来的秦始皇嬴政的头上。

对嬴政最为痛恨,必先除之而后快的六国当家人非燕太子丹莫属了。缘何?燕太子姬丹曾经与嬴政一起在赵国做质子,两个人同病相怜，经常在一起和尿泥，一起憧憬美好的未来。

后来，嬴政在大富豪吕不韦的资助下回到了秦国，还在庄襄王死后顺利继位成为秦王。而姬丹就比较悲摧了，从赵国回去没多久，又被老爸送到了秦国，继续过质子的生活。

姬丹本以为嬴政会念昔日的情分对自己高看一眼，可没想到嬴政丝毫旧情都不念。燕太子这个郁闷啊，每天都会无数次地问候嬴政的祖先。他费了一番工夫，从秦国逃回了燕国。这一路逃亡吃的苦头，让姬丹的恨意更加浓烈。嬴政的项上人头成为姬丹最渴望的战利品。如今秦国大军压境，随时都有进犯燕国的可能，国仇私恨合二为一，姬丹决定刺秦！

本来"刺秦敢死队"的成员是有四个人的，可惜的是田光大侠已经自尽了，而荆轲口口声声要等的用剑高手一直未到。"形势不等人啊，嬴政那个家伙已经灭了赵国，燕国与赵国交界，谁知道他下一个目标会不会是我们大燕呢？如今我把12岁就敢杀人的燕国牛人秦舞阳配给荆轲打打下手，应该可以成功了吧？"姬丹对荆轲迟迟不行动略微不满，每天恨不得催上三次。

那个高歌"风萧萧兮易水寒，壮士一去兮不复返"的壮汉就是大名鼎鼎的荆轲了。荆轲受不了太子的殷勤探访，决定上路了。可是少了他那位剑术高明的朋友，成功的希望至少降低了三成。他此去咸阳是执行一项特殊的任务，不成功便成仁，没有第三条路可走。

"俗话说吃人的嘴软，拿人的手短。哥们如今明知九死一生的结局，也得硬着头皮上了。"荆轲小声嘟囔着。

"荆轲大哥，您在说什么呢？难不成你怕了？放心，有我秦舞阳在，此事定能成功。"荆轲身旁一位年轻人踌躇满志，朝送别的人群潇洒地挥挥手，颇有点明星刺客的风范。这位秦舞阳也算是异类了，年纪不大，命案做了不少。很多人都不敢正视他的双眼，说其中有一股迷离的杀气。也正是杀气弥漫这一点，让他成为燕太子身边的红人。

这时，一曲苍凉的乐曲响起来，不用回头，荆轲知道是高渐离来为自己击筑送别了。

他想起自己刚从卫国到燕国的时候，举目无亲，就是高渐离收留了自己。两个人意气相投，每天都在一个杀狗的朋友那里蹭吃蹭喝，喝高了就一个击筑一个唱歌，旁若无人。有时候激动了还会大哭一场，农贸市场来来往往买菜的人都暗道："这里有两个神经病。"大学时代曾经抱着吉他站在大操场上弹唱情歌的人估计能体会这种既想出名又不想走寻常路的矛盾心情。

高渐离就是燕国本地的民间艺人，击筑的水平无人可比。与荆轲相识之前，他的野心不过是在本国做一流的乐师，成为"国家一级演奏家"就行了。

可是认识荆轲后，高渐离的人生轨道就逐渐发生了变化，这一点，他始料未及。这也从侧面说明，圈子虽然是个人有意识的结合，但是一旦圈子形成了，反过来就会对个人产生潜移默化的影响。

荆轲平时很酷，不大爱说话，但是喝多了之后，就会把自己祖宗八辈的事情都絮叨一遍。所以高渐离知道荆轲虽然是从卫国来的游侠，但他实际上是齐国贵族庆封流落到卫国的后裔。他的身体中流淌着祖先稀薄而又高贵的血统，重新得到上流圈子的认可是荆轲最大的奋斗目标。

　　高渐离还知道，荆轲在游历途中，曾与神剑手盖聂论剑，结果没说过人家，盖聂一瞪眼，他就溜走了。他曾在赵国与一个叫鲁勾践的高手发生争执，被对方大声呵斥，也没有争辩。这两件事，他竭力做得潇洒，想装出不在意，可是每次醉酒之后的大哭，难道就没有几滴眼泪是为此而流？

　　荆轲又想起了向燕太子推荐自己的田光田大侠，心中五味杂陈，不知是该感激还是该怨恨他。自己确实想做一番大事业，可是在自己没有想好什么事业才是最适合自己的时候他硬是被田光赶鸭子上架，送到了太子丹的面前。

　　他不知道的是，姬丹本来打算让田光前去执行刺杀任务的，所以对田光异常的恭敬，那种逢迎甚至有了低三下四的嫌疑。但是田光以年老体衰为由拒绝了太子的提议，他很老实地说了自己的苦衷："如果20年前遇上太子，您的嘱托我一定万死不辞。可如今本人已经过了巅峰状态，恐怕会辜负太子的期望。这样吧，我再为太子举荐一位勇士吧，他是卫国人，叫荆轲。"

　　姬丹听到田光的推辞后心里老大不高兴，但是做了多年人质，他最大的本事就是善于隐藏自己的喜怒，那演技足以让奥斯卡影帝惭愧。姬丹面不改色，拉着田光继续喝茶。

　　"先生为何推荐一位卫国来的游侠？我们燕地多豪侠，难道就没有合适的人选吗？我看夏扶、宋意、秦舞阳这几位壮士都堪大用！"姬丹装着漫不经心地随口一说，没有想到田光的回答让他下定决心一定要拉拢荆轲。

　　田光虽然年纪大了，但是阅人无数，看人的眼光奇准。他呵呵一笑，为太子丹分析了几个人的特征。这一段话说得实在是太精彩了，乃至后世诗人、学者、小说家都经常拿来引用。

他说："我看您刚才提到的几个人都不成。夏扶血勇之人，怒而面赤；宋意脉勇之人，怒而面青；舞阳骨勇之人，怒而面白。光所之荆轲，神勇之人，怒而色不变。荆轲讲义气、轻生死、重然诺，有恩必报，有仇也必报，放浪形骸而又注重精神世界的纯洁，所有的特征都符合您物色刺客的标准。如果您能够用最尊贵的礼节来招待他，相信他会不负所托。"

如果是暗杀，黑布往脸上一蒙，管他脸色变成什么模样？可是姬丹耍的是阳谋，他要刺客光天化日之下行刺秦王，让六国之人都知道是他们燕国派出的勇士，所以，"怒而色不变"的神勇之人荆轲，在备受田光肯定之后成为姬丹的座上宾。

等到田光临走时分，姬丹看似无心地嘱咐了一句："刚才我们商量的是军国大事，希望田先生注意保密。"这一句话，却要了田光的老命。作为职业大侠，田光这类人最注重的不是生命而是声誉。太子的嘱咐好像是信不过自己啊，田光回去向荆轲转达了太子的意思后，就拔剑自刎了。

荆轲心里门清，田光自刎固然有对太子不信任的抗议，更多的还是在激励自己一定不能放过这个一举成名的机会。如今终于熬出头了，终于用不着在闹市中装疯卖傻了。有太子丹的求贤若渴，有田大侠的以死相"荐"，于是，古往今来最负盛名的刺客隆重登场了。

他很快就从高渐离的蜗居搬了出来，住进了燕国的五星级大饭店。他的身份也从自由职业者变成了燕国的上卿。美女、美酒、宝马、宝剑，随他开口。太子丹每天都去探望，嘘寒问暖，比对自己的老子还要恭敬。

在豢养荆轲期间，太子丹做了两件比较变态的事情，那就是将千里马的心肝和美女的素手用盘子端上来让荆轲享用。虽然一想起此事，荆轲就是一阵恶心，但他更清醒地意识到自己已经被太子丹绑到一条绳上了，别无他路可走。

如果说秦王、燕王、赵王、魏王、楚王这些国君之间有一个看不见的圈子，牵绊着他们时而合纵时而连横，那么每一个国君与臣下之间、门客与门客之间也都是一环套一环的大小圈子。鸡鸣狗盗之辈能成为主人的救命稻草，仗义屠狗之辈能成全主人的一腔豪情。以此类推，同为游侠的好汉们更是惺惺相惜，互为知己。

荆轲又想到了临行之前向樊於期将军借脑袋的情形，他决定哪怕为了田光和樊於期的死，也要努力完成这次的使命。樊於期因为得罪了秦王而"叛逃"故国，来到了距秦较远的燕国投奔姬丹。所有的人都劝太子不要收留这颗定时炸弹一样的樊将军，可是太子不听，反而好吃好喝款待他。

荆轲找到樊於期，成功说服樊将军主动自尽而死，将脑袋心甘情愿借给他做道具。足见荆轲的口才很了得，而樊於期的勇气更是可嘉。

现在荆轲提着樊将军的脑袋匣子，秦舞阳带着藏有锋利匕首的督亢地图，二人已经走出很远了，他们回头，已经看不清送别人的脸了。荆轲有些伤感，而秦舞阳还是一副初生牛犊不怕虎的无畏气概。

后来的事情就是人尽皆知了，荆轲和秦舞阳如愿登上秦国的大殿见到秦王。可惜秦舞阳没有传说中的那么厉害，他刚到大殿上腿就开始瑟瑟发抖、脸色也变得煞白了。不知道是害怕还是激动的缘故，反正他的异常引起了秦王的注意。

荆轲拍拍秦小弟的肩膀，给他一个灿烂的笑容，示意他放松一点。然后他对秦王说："乡下孩子，没见过世面，望大王见谅！"秦王莞尔，就叫荆轲接过秦舞阳的地图，将人头和地图一块呈上来。荆轲心中大惊，还是装作若无其事的样子走了过去。原来他自知武艺不精，所以两人演练的时候都是以秦舞阳为主。谁知道这小子关键时刻掉链子，荆轲也只好走一步算一步了。

没有金刚钻，怎做瓷器活？他左等右等的剑术高手没来，秦舞阳又临阵晕菜，荆轲真应了"壮士一去不复返"的预言，明知不可为而为之了。轰轰烈烈的刺秦行动以失败告终，荆轲的大名倒是流传至今，成为"壮士""好汉"的别称。

"匹夫之怒，血溅五步。天子之怒，伏尸百万，流血千里。"战国的诸侯争霸用血淋淋的事实告诉大家此言非虚。嬴政怒了，即便燕王喜迫不及待地杀死自己的儿子姬丹来谢罪也没能挽回亡国的命运。而姬丹的其他门客也都因为荆轲的失败而获罪，被全天下通缉。

本来按照秦国的"远交近攻"的东进日程表，燕国是排在最后一个被攻打的国家。可是太子丹非要"加塞"，主动去招惹秦王，结果连累全国百姓早几年过上了亡国的日子。

一时间，燕国出走了几多隐姓埋名之人。荆轲的密友高渐离也一改往昔击筑高歌的风流潇洒，藏到一个大户人家当酒保。

当时，筑是很流行的一种乐器，击筑大师的地位相当于如今的钢琴家，可以自由出入钟鸣鼎食之家。高渐离打工的这家主人就好此道，经常在大宴宾客的时候，请来乐队击筑助兴。每每这时，高渐离都会停下手中的活，摇头晃脑陶醉其中。高兴的时候，还会做麻辣评委，品评一下表演者的技术。有人见他如此神道，就悄悄告诉了主人。

高渐离终于没能耐住寂寞，悄悄复出了。自打他重操旧业，其他的击筑"高手"都变成了"低手"，没有人能与他一较高下。高渐离善击筑的名声逐渐传到嬴政耳中。

嬴政怜惜高渐离的才华，他熏瞎了一代击筑大师的眼睛后叫停了通缉令，命高渐离时常入宫演奏。试想，高渐离每天瞎着眼睛为一个杀了自己好友的人演奏，心中岂能没有怨恨？他隐忍着，等嬴政放松警惕的时候，举筑砸向秦王。

一个瞎子拿筑击秦王，其难度不亚于女子站在高台上抛绣球砸到薛平贵。王宝钏寒窑虽苦，好歹还换来了西凉王后的豪华晚年。高渐离悲情击筑，不过是以死明志的前奏罢了。

知己已逝，自己苟活有甚乐趣？这就是战国的侠客独特的生命存在。

自此以后，秦王再不复见六国之人！

刺秦，简简单单的两个汉字；刺秦，凶险无比的一项任务！成则万世卿相，败则祸及满门。可是有了田光以死荐荆轲，有了风萧萧兮易水寒，有了图穷匕见刺秦王，有了渐离盲眼悲击筑……这群燕赵大地的纯爷们为本就惨烈的战国带来了一曲慷慨悲歌。

从周文王的儿子召公分封至燕国在燕王喜和太子丹手中覆灭，已经有800多年的历史。期间出过一个燕昭王还算明白，通过"千金买马骨""高筑黄金台"来招揽天下贤人，曾让燕国一度雄起。

　　而今，黄金台早就灰飞烟灭，只剩下一个北京市朝阳区"金台路"的名字在落日的余晖里凭吊2 000多年前曾有过的辉煌与落寞。

侠以群分

　　俗话说"物以类聚，人以群分"，可见同一类型的人有着相同的气场，即使没有人出面组织，他们也能嗅着彼此的气息，下意识地聚到一起。墨家死士誓死捍卫钜子，九千健儿追随盗跖，程婴和公孙杵臼等人牺牲自己保全赵氏孤儿……这都是侠客在呼唤同样的灵魂。

墨家群侠

　　2 500年前的宋国，一个木匠世家添了一位新丁，取名墨翟。按照当时的人才选拔标准来看，即使是"八级木工"也是贱民，远不如读书入仕更能光耀门楣。所以聪明的墨翟长大以后，除了继承家传的木匠手艺之外，还专门去学习了一段时间的儒家经典。掌握了上层社会的主流文化的墨翟发现，儒家的思想学说不过是富人为穷人洗脑的工具罢了，于是他自创了墨家一派，站到了传统、主流的对面，成为社会的另类"教授"。

　　墨翟的名头很响，依附到他身边求学的人越来越多。可是这些弟子登堂入室之后才发现，自己的老师和孔老夫子根本不是一类人。孔门弟子三千那是有着充分人身自由的，只要交足了学费，那是想来就来，想走就走。

墨门弟子可就不一样了，所有人都必须无条件地服从墨老师的指挥，不允许出现抗命不遵的事件。所幸的是，墨老师不逼大家做坏事，反倒经常带着大家四处救苦救难、制止战争，让大家的自尊心、社会存在感都得到了极大的满足。

墨家与其他思想流派最大的不同应该是他的"有组织、有纪律"。墨家是以严密组织的形式出现的，成员都要严格执行老大的命令，达到"赴汤蹈火，死不旋踵"的境界。

如果说墨家的精神领袖墨翟还只是时不时流露出行侠仗义的姿态，他的传人禽滑厘、孟胜、田襄子等人几乎就是后世"为国为民"的"侠之大者"的典范了。墨家的几代"掌门人"在墨翟无比强大的感召下形成一个牢不可破的圈子，用自己的力量来实践老师"兼爱、非攻"的理想。

禽滑厘是墨子的第一届学生，这位有着稀有复姓的同学是一个不善言谈、内心坚定的人。他不高不富不帅，由于常年的野外工作胼手胝足、肤色黝黑，看起来就是一个老实本分的庄稼汉，没有半点侠客的风范。但是，当年墨子和公输般"兵棋推演"，用"纸上谈兵"的方式将楚国伐宋的战争消弭于无，最大支持无疑来源于禽滑厘带领的墨家死士早早来到宋国，准备随时投入战斗。

禽滑厘不声不响不代表他没有理想，他崇拜自己的老师，将老师视为自己的精神教父。他时刻准备着为了实现老师的理想而献出自己的生命。在这种指导思想下做出悍不畏死的举动自然不奇怪了。

孟胜的名声要比禽滑厘响亮一些。毕竟禽滑厘替宋国守城只是

"有惊无险"的准备阶段，真正的战争并没有爆发。但孟胜带着180名弟子却是实打实地战死在了为楚国守护的一座县城之上。

当时孟胜作为墨家的新一代钜子，与楚国的贵族阳城君关系不错。以墨家掌门人的身份结交几个国家的高官本来是很正常的事情，但坏就坏在这位阳城君站错了队，得罪了新上任的楚王。新楚王要拿旧臣开刀，阳城君管辖的阳城县在劫难逃。这位老兄很不地道，他"畏罪潜逃"到外国了，却央求孟胜替他守住封地。

以前阳城君经常出国旅游或者访问什么的，都是请孟胜来帮他看家，所以这一次出逃也没忘了知会一声。他也就是出于习惯，向孟胜打个招呼，并没有指望这位墨家钜子会豁出命来履行自己的诺言。如果知道至少有180名墨家弟子因为自己而死，相信阳城君会非常后悔向孟胜求助的。

孟胜有点死心眼，他觉得自己既然答应了阳城君为他守城，那么不管谁来攻打阳城都是自己的敌人，哪怕对方是楚国的国君。以180人对抗一个国家的大军，绝对是以卵击石。孟胜决意以死殉城来捍卫墨家"侠义"的名声，弟子们则是以死来表明对信仰的忠诚。于是，一场人为的悲壮历史被《吕氏春秋》《史记》当做集体的侠义事件记载下来。

我们很难判断这种"明知山有虎，偏向虎山行"的必死行为是错还是对。但按照古人的思想，不管战争是否正义，只要是言出必行的人都是真爷们。如果用生命和鲜血来履行诺言，就更是了不得的侠义之举。

彪悍的人生不需要解释

看过《天龙八部》的人都知道金大侠在小说中塑造了"四大恶人"形象，他们把"恶贯满盈""无恶不作""穷凶极恶""凶神恶煞"当做自己的外号和行为准则，做了不少伤天害理之事。可事实上，除了"穷凶极恶"的云中鹤之外，其他三人都有着可怜的身世、不得已的苦衷，并非百分百的大奸大恶之人。

如果说"四大恶人"不过是文学形象，不足为信，那么你可知道在春秋时期，孔圣人生活的时代还真的出现过这么一位披着恶名却颇有侠义之风的好汉存在过？这位好汉被人们称为盗跖。当然了，这个"盗"字是不喜欢他的人强加过来的前缀。

相传，"盗跖"的本名叫做展雄，也叫柳下跖，是以"坐怀不乱"而著称的贤人柳下惠展禽的亲弟弟。这哥俩倒有意思，经过后人的不断加工之后一个成为"恶人"的代名词，另一个则是首屈一指的道德楷模。同样的父母生出来的两兄弟，做人的差距咋就这么大呢？也有不少学者多方考证，说柳下惠比柳下跖早生了100多年，两人并不是兄弟关系。

好，那就先把柳下惠先生放到一边，只看这位柳下跖先生的生平吧。他生活在奴隶社会晚期，自己的出身不错，应该是奴隶主阶层的一分子。但是这个人没有老老实实地做个富家翁，整日除了舞枪弄棒之外还喜欢打抱不平，江湖声望与日俱增。柳下跖最风光的时候，身边聚集了9 000多名小弟，近万人的队伍跟着他走州过府，横行天下，弄得诸侯国的国王们听说柳下跖来了都急得一个头两个大。

这么庞大的队伍开支也必定庞大。这支因为个人崇拜而凑到一起的队伍免不了做一些"劫富济贫"的事儿来维持生计，于是柳下跖变成了江洋大盗的代名词。后世有支持者为柳下跖辩护，说他是带领奴隶起义的领袖，所谓的"打家劫舍"也是他"行侠仗义"的表现。

柳下跖是山大王也好，义军的领袖也罢，他是一条响当当的好汉是毋庸置疑的事实。正史对柳下跖的描写很是吝啬，不肯多费一点笔墨来形容一个上司不喜欢的"大盗"，只有肆意妄为的庄子做了一篇《盗跖》，洋洋洒洒地记载了柳下跖除了武功之外的另一特长——演讲与口才。

一次，一个小弟向柳下跖请教："大哥，听说鲁国的孔丘正在宣扬什么仁义智勇，很多人都跑去听他讲课了，这一套东西对咱们有用吗？"

柳下跖："怎么没用？这一套理论简直就是为我们量身定做的啊！你想想我们去劫大户时的过程就明白了。你看，我往人家门口一站，就能推测出这家值不值得动手，这就是圣明。大家动手的时候，我第一个冲进去，这不是孔老二大力提倡的勇气吗？撤退的时候，我每次都是等弟兄们都出来了自己才出来，这就是讲义气。行动的时机拿捏得准，人员安排得合理，这就是智慧。最后咱们得胜归来，按劳分配劳动果实，严格执行多劳多得、少劳少得的标准，这就是仁义。如果不懂这个，咱们的队伍还不早就散了？"

小弟听了这番讲解，佩服得五体投地，脑袋瓜子也开了窍，竟然琢磨出一句高超的马屁："大哥，我知道了，咱们这就叫盗亦有道。"

过了不久，孔圣人听说柳下跖歪曲了自己的意思，心里很不痛快，就去找柳下惠诉苦告状。"小柳，长兄为父这句话你总该知道吧？你这个做哥哥的人品怎么样我们都清楚，可是你这弟弟也太不像话了。你如果管不了他的话，我就要替你劝上一劝了！"

柳下惠白了孔丘一眼，说道："你以为我不想管吗？可是文的我说不过人家，武的打不过人家，何来的管教？你愿意去就去好了，我期待着你的好消息！"

孔二哥对自己的气场很有信心，心说本人已经收了三千弟子，什么样的人没见过？我就不信感化不了一个故人的兄弟。

当孔丘带着几个徒弟找到柳下跖的时候，那位英雄正在吃烧烤。不过他烤的不是羊肉串而是敌人的心肝。听手下人通报说孔丘求见，柳下跖把人肝放到一边，嘿嘿一笑："原来是摇唇鼓舌、擅生是非以迷天下之主的孔老二来了。来得正好，我正想当面骂他呢。"他挥手示意小弟将孔圣人带进来。

孔圣人是很讲究礼仪的人，进来之后先做了标准的一揖，还没开口，就听见炸雷一样的声音轰响在耳边："孔丘，先知会你一声，今天你说话我若是听着舒服就没什么事，如果你惹我生气了，今天就是你的死期！"霸气外露啊。

"将军，您这么完美的男子汉却被世人当成大盗，我替您感到不值。如果您不嫌弃的话，我倒愿意为您找找门路、搞搞关系，以后您当了诸侯，主政一方，这才是牛人该有的生存方式啊。"孔丘的心理素质超好，根本不怕柳下跖的威胁，他相信对方不会拒绝自己抛出的橄榄枝，凭自己的人脉为柳下跖谋个好出路应该不成问题。

没想到人家根本不领情。"少来这一套唬人的把戏！我现在有什么不好，自由自在、无拘无束。要是听了你的鬼话，弄个什么诸侯当当，我就失去了自由，被利益、名声这些东西牵着鼻子走。况且谁不知道诸侯们做的那些破事，你劝我做诸侯简直是在侮辱我！"柳下跖看到孔丘在诚惶诚恐地听着，继续说道："我想要的不是少数人高高在上，干活的人却吃不饱穿不暖的日子。我要平等和自由，你懂吗？可怜的人，你不过是诸侯们选出来的传声筒罢了！"

一方面有柳下跖的警告在前，孔丘不敢多说，另一方面柳下跖的反驳实在是太犀利了，孔老师还没有做好新的辩论准备就被轰出来了。

对于侠客来说，最得意的事情莫过于指点江山、参与国事了。虽然柳下跖没有听从孔丘的鼓动去跑官，但他顶着盗贼鼻祖的恶名带着投靠自己的弟兄们转战黄河流域，攻城池、杀贵族、救奴隶，简直就是"永不招安"的水泊梁山。

敢说话的荀子就称颂柳下跖"名声若日月，与舜禹俱传而不息"。

可是大多数人还是不能认同盗跖这种无政府主义的做法，感叹他能够寿终正寝是老天爷不开眼。关汉卿这样的大知识分子就不赞同柳下跖的行为，通过窦娥之口高唱"天地也，只合把清浊分辨，可怎生糊涂了盗跖颜渊：为善的受贫穷更命短，造恶的享富贵又寿延！"很明显，柳下跖这样的"大恶人"不但高寿，而且富贵一生。

狡兔三窟话冯谖

战国时期，周天子已经徒有其名了，诸侯林立，侠风日炽。

这个时候，胸有大志的国君们每天都忙着和作战参谋们开会，讨论下一步对谁开战、与谁结盟的重要国事。胸无大志的国主们也很忙，他们每天忙着声色犬马、歌舞升平，丝毫没有即将亡国的紧迫感。

与繁忙的国君相比，一些王公贵族就比较悠闲了，他们有权有钱，地位尊崇，最大的嗜好就是"养士"，以"门客三千"作为毕生的追求。对于他们来说，较量马儿的快慢、别墅的大小、姬妾的美丑已经没有多大意义了，谁的门客更多、更有本事，谁才有面子。这样比了一圈下来，齐国的孟尝君田文、赵国的平原君赵胜、魏国的信陵君魏无忌以及楚国的春申君黄歇齐名，并称为"四公子"。咱们今天来说一说孟尝君田文和门客冯谖的故事。话说田文是齐国的宗室大臣，他的老爸是齐宣王同父异母的弟弟，从出身上来说他是毋庸置疑的太子党。田文成年之后，继承了父亲的封邑一个叫"薛"的地方，在那里广招"贤才"。对他来说，只要有一技之长，不管你是贩夫走卒还是江洋大盗，他都敢收留。这样的做派果然有效，没过几年，田文的门下就聚集了一大批的江湖义士。

别看田文是太子党，但他在众多的门客面前一点架子都没有，极其平易近人，比现在的影视明星还要亲民。表面上看，他对待这些上门吃闲饭的汉子们一视同仁，对每个人都客客气气的，让人家觉得孟尝君真是礼贤下士名不虚传。其实田文的亲信早就将门客的资料放在田文的桌子上，资料中已经分好了三六九等，相同的等级才有相同的待遇。

有的门客在孟尝君门下一住几年，从来不主动为主人分忧，也不见孟尝君向外轰。这么厚道的主家弄得前来混吃混喝的人都不好意思了，每天都有人悄悄离去。但是每天还有更多的新人补充进来。

他心里清楚，这么做一是为了扩充自己的势力，二是为了博一个求贤若渴的美名。这个世道谁知道什么时候就变天呢，依仗国君派人来保护，不如自己有一群死士保险。但是老婆们不理解，觉得他养这么多"闲人"开支太大，一点都不划算。

"老爷，今天又来了三个下等门客。"大老婆汇报完毕，向二老婆使了一个眼色。"是啊，我听管家说其中一个姓冯的没有登记自己的特长，还挑三拣四呢。"二老婆补充。

"哦？有这种事？在我的府里吃白食还有人挑三拣四，有点意思。"田文摸着三绺长须，笑着转向管家，等待下文。

"老爷，我刚才从冯谖窗外经过，听到他正在用手指弹着宝剑，唱什么被人看不起、吃饭没有鱼之类的。"管家诚惶诚恐地回答。

"这样啊，晚上单给他做条鱼吃，看看他明天说什么。"第二天，奉旨听窗户的管家又来了，他回禀自家老爷："今天冯谖还在唱歌。他唱出门无马车，不如早还家。"田文有点生气了，这家伙有点贪心。"也罢，给他配辆车吧，看他还有何话说。"第三天。"老爷，冯谖真是过分，他居然唱住的房子不好，不如自己家的狗窝。"田文这次气乐了："那就再满足他一回，给他换上房吧。"

果然以后的日子，冯谖消停了。主仆之间或者说上下级之间就这样相安无事过了一天又一天。田文逐渐忘了这件事情，冯谖却时刻不敢忘有人以"国士"对待自己。他在时刻准备着为孟尝君建下奇功，好彰显自己的价值。

因为"贤人"（"闲人"）养得太多，开支太大，大老婆劝田文把薛地的佃农们欠下的债务收回来。当时田文正在首都做宰相呢，堂堂一国总理回老家收债，这样的新闻传出来岂不有失国体？于是，田文想在门客中选一个能干的人回薛地帮自己要债。

冯谖终于等到表现的机会了，他拍着胸脯保证自己肯定能满载而归。田文将薛地的债券都给了他，安排了车马随从跟着冯谖出公差。临走之前冯谖问道："债务收上来之后给您和夫人买点什么好呢？"

田文没想到冯谖还有此一问，随口说："你看我家缺什么你就买点什么吧。"冯谖的工作效率很高，没过几天就回来了。账房等着对账呢，结果冯谖只拿出一小部分收上来的债务。田文生气了。"这个冯谖，真是不靠谱！带他来见我！"冯谖来了，一副立了大功等着封赏的嘴脸，看得别人暗暗替他担心。"冯谖，我听说你只收上不到一半的外债就回来了，剩下的债券呢？"田文耐着性子问。"烧了。"冯谖的回答干脆利落。"为什么？"田文强忍着怒气问道。"我用烧掉的债券为您买了薛地的民心。"冯谖不慌不忙地解释，"那些债务对您来说不过是九牛一毛，对于老百姓来说却是一座大山。虽然我把债券烧掉了，但是我相信绝大多数人是不会赖账的。而且民心买来之后，薛地将会是您的福地。"

果然不到一年，齐愍王开始猜忌孟尝君功高盖主，找了个借口让田文告老还乡了。仕途失意的田文心不甘情不愿地回到薛地，发现这里的老百姓在夹道欢迎自己归来。这次他才信了冯谖果然为自己买了民心。与冯谖的赤胆忠心相比，曾经浩浩荡荡的三千门客随着田文被罢相的消息传出来陆续跑了，跑得干干净净。

冯谖看到田文致仕之后落落寡欢，知道这位老爷还是喜欢做政治明星的感觉。他进言："老百姓都说狡兔三窟。您现在退守薛地等于才有了一窟，我要为您再打造两处安全的所在。"

田文如今对冯谖相当信任了，况且门客解散之后，他已经没有多少可用之人了。他马上采用了冯谖的提议，让他带着五十辆载满黄金的马车到魏国为自己铺路。冯谖果然有三寸不烂之舌，他说服魏惠王空出宰相的位置，用极高的仪仗队来迎接田文到魏国做官。这么大的阵仗当然惊动了齐国上层。齐愍王害怕田文真到魏国拜相的话，一定会对齐国不利，马上派出规模更大的仪仗队到薛地来接田文到都城恢复相位。

一个赋闲在家的落魄贵族通过一个门客的手腕成为两个大国争相邀请的宰相人选，田文很幸运。一个身份低微的门客以一己之力为主人"收买人心"、打造"三窟"，冯谖真英雄！

义薄云天的好汉帮

2 500年前的一天，晋国的王宫不得安宁。权臣屠岸贾根本不顾及外臣不得进入内廷那套规矩，直接带兵进入长公主赵庄姬的寝宫。他接到线报，说公主已经生下赵家的遗腹子了，此时不杀更待何时？

一个月前，屠岸贾已经将赵家灭族，赵氏满门三百口人被杀了个干干净净，那么多的鲜血简直能把赵家的大宅子里里外外都清洗一遍。唯一的活口就是这位躲在深宫的赵家媳妇——赵朔的妻子、晋成公的长姐赵庄姬。

虽然晋成公好欺负，但是屠岸贾也是要脸面的人，他虽然对赵家恨之入骨，但总归没有谋逆之心，所以他不能直接冲进王宫把人提出来杀了。可如今赵庄姬竟然产下男孩，留他们母子存活就是为自己找不自在，谁不知道"斩草不除根，春风吹又生"的古训？"对敌人的仁慈就是对自己的残忍"，屠岸贾忙着为部下们做思想工作。

毕竟一群自小接受"普天之下莫非王土"思想的人对王族有一种本能的畏惧。

想到宠信自己的灵公已经被赵盾的侄子杀了，屠岸贾的气就不打一处来。想当年自己和灵公斗狗熬鹰多么自在惬意。可是赵盾竟然屡次进谏，指责灵公这样做不对、那样做不好。他难道不知道赵家权力再大，也是晋国的臣子吗？再说了，灵公的胡闹不过是拿着弹弓伏击宫人或者砍几个不合格的御厨的手罢了，一国之主连这点自由都没有吗？屠岸贾一边愤愤不平地想着，一边往内宫方向疾走，这里有赵盾刚刚出世的孙子，他要亲自杀之。

"我可怜的儿子，你爷爷、你爸爸结下的仇恨都要报在你的头上了。他们就要进来了，你听，屠岸贾那个狗贼的声音越来越近了。孩子，如果命大，你就不要出声；如果你不想活着承受这份家破人亡的痛苦，那就放声哭好了！"赵庄姬对着尚在襁褓中的婴儿说了几句话，然后把孩子夹到了宽松的裙子里。

屠岸贾的人进来搜了一圈没有发现传说中的赵氏孤儿，只好退了出来。婴儿也是命大，就像听懂了母亲的话一样，瞪着眼睛，一声都不吭。也有可能是母亲的裙子里面太闷了，他憋得差点窒息，想哭都没有力气。

不管怎么说，这一劫暂时逃过去了。赵庄姬长叹一声：生下孩子容易，怎么让他活下去却是一件难事。这时，老公生前的门客，一个叫程婴的大夫出现了，他说自己在赵氏被灭族之后不肯赴死就是在等这一天。如果主母能为赵家诞下男胎，他将会尽全力保护这个孩子长大成人。

公主认识程婴，知道这个人品性好，当得起自己的托付，把孩子托付给程婴后就自杀了。

程婴把婴儿放在自己的小药箱中，打算出城。但是一出宫他就发现屠岸贾已经派兵驻守在各处城门，专门查有没有婴儿出城。凡是一月以下的男婴休想出城门半步。屠岸贾还有个阴狠的告示没贴出来呢，如果手下在规定的期限内找不到真正的赵氏孤儿，那么他将会杀光城内所有的婴孩。

这时，赵家的另一个门客公孙杵臼来了，他和程婴坐在灯下，相对无言。

权倾朝野的赵氏家族轰然倒塌了，倒得太快了，根本没有给人做准备的时间。屠岸贾的报复来得太残忍，竟然实行了歹毒的灭族计划，连一个小小的婴孩都不放过。还是赵盾老爷比较幸运，起码享受过几十年的富贵荣华，可怜的赵朔公子连儿子都没见过就这么走了。

"程婴，你还记得老爷在世的时候曾经被鉏麑行刺的往事吗？"公孙杵臼突然开口。

"怎么不记得？这位鉏麑真乃英雄也。他奉那昏君和屠岸贾的命令来行刺老爷，在咱们赵家潜伏了许久。最后这位鉏麑发现老爷并不是屠岸贾口中十恶不赦的坏人，而是精忠报国的忠臣良将，所以他不但没有行刺，反而向老爷承认了自己的刺客身份，然后自尽了。"程婴机械地回答。他不知道公孙杵臼为什么问这个问题，只是本能地说出自己的看法。

"对啊，这个鉏麑恐怕是史上第一个还没有行刺就自尽而死的刺客了。那你还记得老爷身边那个叫提弥明的侍卫吗？那个帅小伙真是忠肝义胆！灵公因鉏麑行刺未果，就设宴请老爷喝酒，宴席之上竟然放出几条獒犬，想在酒桌上杀死老爷。要不是提弥明拼死护卫，老爷那一次就得葬身犬腹了。"公孙杵臼说。

"没错，提弥明和鉏麑都是好汉子。那我们两把老骨头就以这两位好汉做榜样，尽自己的绵薄之力保存赵家最后的一点血脉吧。"程婴感叹。

"保护少主，万死不辞！"两个人轻轻击掌，坚定地说出了这八个字。

双方会谈定下了基本目标，剩下的就是具体策略问题了。两人一致认为因为保护赵氏孤儿一人而连累全城的无辜婴儿是很不人道的，他们决定找一个普通的孤儿交给屠岸贾，然后把真正的赵氏血脉雪藏起来，培养他长大。

关于这个"普通的孤儿"的身份，历来有不同的版本流传。有的说是公孙杵臼的孩子，也有的说是程婴老婆新生的儿子，但是两个中年大叔的家属和长公主同时怀孕的几率不大，所以还是抱来的无辜婴儿比较靠谱。有了婴儿这个"重要道具"之后，两个人开始分头行动。一个人藏好真婴儿，然后去告密，领取赏金；一个则与假婴儿一起赴死，才显得这场戏分量之重。

程婴和公孙杵臼不过是曾经显赫的赵氏家族众多门客中不起眼的两个人罢了，他们实在没有必须保护赵氏孤儿的义务。也没有任何史料显示这两个人武功高强，能够飞檐走壁或者飞剑伤人。在没有任何报酬也没有人拿刀逼迫的情况下还能慷慨赴死，这样的人即使手无缚鸡之力，也是侠客，是英雄！

"老兄，你说从容赴死和带着孩子苟且偷生这两件事哪一件更容易些？"公孙杵臼很认真地问程婴。

"我想忍辱负重地活着比死还要难一些。"程婴三思之后如是说。

"我也这么想，所以让我沾点便宜，早一步去死吧，孩子就托付给你了！"公孙杵臼说完，就抱着假孤儿逃到了两个人商量好的地方。

程婴把真正的赵氏孤儿藏起来之后，去向屠岸贾告密，说他知道长公主生下的男婴被公孙杵臼藏在什么地方。屠岸贾大喜，承诺如果真的找到赵氏孤儿和公孙杵臼，就赏给他百两黄金。

于是，程婴前边带路，屠岸贾带着重兵跟随，很容易就找到了公孙杵臼的藏身之处。大兵们发现此地除了公孙杵臼这个老家伙之外果然还有一个婴儿紧随左右。公孙先生很入戏，大骂程婴"忘恩负义、陷害忠良、卖主求荣"，可他越是悲愤，屠岸贾越是欣喜，认定公孙想要保护的孩子必是赵氏孤儿无疑。程婴眼看着老朋友和无辜的小婴儿死在自己面前，他非但不能痛哭流涕，连悲伤的表情都不敢露出丝毫。

公孙杵臼用自己的死保全了程婴和赵氏孤儿的性命,他成为忠臣义士的楷模。而程婴则背着骂名躲进了深山不敢出来见人,精心抚养孤儿赵武长大。20年后,赵氏沉冤得雪,程婴将实情和盘托出。赵武被晋景公召回都城,将他父亲赵朔应得的爵位恩赐于他。风水轮流转,赵氏孤儿重出江湖意味着屠岸贾将面临被血洗的命运。复仇的大戏与程婴已经没有关系了,他要去找公孙杵臼,告诉他自己没有辜负大家的期望,终于将少主抚养成人,还看着他夺回了赵家曾经拥有的一切。与赵武告别之后,程婴自杀了。赵武则"服齐衰三年,为之祭邑,春秋祠之,世世勿绝"。赵武就是后来三家分晋中赵襄子的爷爷。

一个围绕赵氏孤儿的悲剧故事讲完了,故事中带给人们关于人性的思考却没有结束。按照孔老夫子"君君臣臣"的思想,屠岸贾诛杀赵盾家族是为了替死去的晋灵公报仇,是忠君的典范。可为什么历来的戏剧、电影中都把他当做反面一号来对待呢?看来还是成王败寇的思想在作怪,屠岸贾一心维护的晋国不争气,很快就被赵武的孙子辈搞得亡国了。而赵家成为战国七雄之一,国力强盛,有谁敢质疑他们由臣子到国君的身份转变?

英雄与名士的出位"潜规则"

文/十二叔

　　三国如同战国，又是一个英雄和奸雄辈出的灿烂时代。在乱世背景下，武力值超强的猛人与"大智近乎妖"的谋士层出不穷，以至于之后一千多年的岁月中，这种盛况始终难以再现。两晋南北朝，血雨腥风并未减少，朝代更迭也更加频繁，但留给世人印象最深的却是江左豪门，是名士风流，是旧时王谢，是阮籍的长啸和嵇康临终之前的一曲《广陵散》。

　　英雄如云，不是三国魏晋的全部；清谈玄学的名士，也不是这个时代的风骨。名士与英雄交辉，家族与个人呼应，这才是完整的恢弘乱世。

混三国，讲实力还得有关系

主公们的乱世生存法则

　　如果朝代也有性别，那么三国绝对是当之无愧的热血男儿！上下五千年，只有三国时代在短短的几十年汇集了如此之多的英雄好汉们。英雄、枭雄、阴谋、阳谋、水战、火攻，轮番上阵，为后人奉献了一场无法复制的动作大片！

各为其主的谋臣武将们固然看点颇多，他们的主公更加不容小视。能让这些智商超群、武力超群的猛人们死心塌地追随的主公又岂能是平庸之辈？

汉末之乱，第一位崛起的大哥应该是那位董卓先生了。很多人对董卓、吕布和貂蝉的三角恋比较熟悉，对董卓因何从一个西凉军阀变成当朝太师恐怕不太了解。原来是灵帝时期的宦官团体"十常侍"闹的动静实在是太大了，汉廷之中没有人管得了这些无法无天的大宦官们，连皇帝都被他们玩弄于股掌之间，张口就说"张常侍是我父，赵常侍是我母"这样的话。其中最为着急的就是灵帝的大舅哥何进何国舅了。当时，灵帝刚刚下葬，何进和妹妹何皇后就迫不及待地把刘辩扶上皇位，奈何"十常侍"很不满意，非说陈留王刘协更适合。

外戚和宦官这两个自古以来就对立的阵营为了争夺皇位，开始了十分激烈的明争暗斗。何进为了巩固自己外甥的帝位，向陇西最有实力的军阀董卓求救了。他和当朝最著名的"官二代"袁绍共同商议之后，以圣旨的名义请董卓率大军入洛阳来"清君侧"。

也是何进点背，董卓大军还没到呢，不知道是谁走漏了风声，他被宦官头头儿张让"先下手为强"了。随后，袁绍和自己的发小曹操一起入宫，将所有的人杀了个一干二净。这样一来，本来该董卓诛杀的人都死光了，他也就不必出兵，继续在凉州做土皇帝好了。

可是董卓是那样安分守己的人吗？好容易有了出兵都城的机会，他怎么可能错过呢？袁绍和曹操两个后生不是董卓的对手，他很快就逼走二人，控制了皇宫，做起汉末第一任"挟天子以令诸侯"的买卖。

看看董卓在洛阳城的行为，我们不禁慨叹这位老兄还真是把自己当外人了。为什么这么说呢？他到了洛阳之后放纵手下的兵士打家劫舍、强抢民女，几乎是无恶不作。这分明是军阀到了别人的地盘上啊，关键是董卓已经是当朝太师，朝廷的实际掌权者了。小皇上也好，何太后也好，陈留王也好，哪一个不是战战兢兢地看他的脸色活着？这样糟践自己的名声，不是明摆着等别人来造自己的反吗？

果然，很多人看不下去了。尤其是因为董卓的来到而灰溜溜出宫的袁绍、曹操等人更是愤懑不已。他们要成立"反董联盟"，将这个老匹夫再赶回凉州去。成立一个组织总得有个宗旨、有个缘由吧？曹操和袁绍不假思索，就拿董卓欲废少帝刘辩、新立陈留王刘协为由，足够了。

说实在的，谁都看出来老刘家的江山经过这四百年的风吹雨打，气数已尽了。尤其是近几年，不是外戚专权就是宦官专政，做皇帝的刘氏子孙个个都是体弱多病，英年早逝，实在没有中兴的气象了。所以说谁做皇帝其实是无所谓的，只要大家的利益不受损害就行了。

可现在董卓一个外来户，跑到中原来对帝位指手画脚那就不行，不讨伐显不出咱们中原爷们的脾气。于是，在曹操的大力推动下，"反董联盟"拉起了架子，就等着往里拉盟友了。

按说既然曹操是"反董联盟"的发起者和组织者，由他来当盟主再合适不过了。可曹操要真这么想他就不是那位"治世之能臣，乱世之奸雄"了。他说"袁本初四世三公，门多故吏，汉朝名相之裔，可为盟主"，自己就勉为其难，做个副盟主吧。

细心的朋友看到这个理由可能会心一笑，因为袁绍的出身好、号召力强就能当盟主是一方面，恐怕因为袁绍这个人能力不如自己，耳朵根子软，比较容易控制才是根本目的吧？有人问：其他诸侯们就没有人觊觎这个盟主的位子，心甘情愿听从袁绍的号令？这就多虑了，这些诸侯哪个不是人精，大家都知道"枪打出头鸟"的教训，之所以聚到一起不过是想看看从中能得到多少新地盘这种实惠罢了，谁会为了一个虚名为难这两位热心的组织者？

据罗贯中先生代为统计，曹操一共发出了17张邀请函，连同他自己的力量一共是十八路兵马。其中大家比较熟悉的有袁术、孔融、公孙瓒、袁绍、孙坚、马腾（马超的父亲）等人。这个结盟仪式搞得还是很隆重的，众多掌握一地生杀大权的诸侯们会聚一堂，歃血为盟，信誓旦旦要戮力同心，共讨董贼。

这十八路诸侯单独拎出来任何一支队伍，恐怕都不好应付。偏偏曹操要把这些人马兵合一处，声势是壮大了，可实力就一定增强了吗？这些骄兵悍将哪一个不是只有自己没有别人的主？想让他们真心合作，真是难如登天。

果然，当讨董战争刚刚打赢了第一仗，应该乘胜追击的时候，绝大多数人就想散伙了，他们还要到董卓仓促扔下的洛阳皇宫中"寻宝"呢。君不见孙坚的传国玉玺就是那个时候到手的吗？最后，只有曹操带着自己的五千人马追了出去，后来就带着残兵败将灰溜溜地回来了。"反董联盟"似闹剧般匆匆收尾了。

尽管"反董联盟"存在的时间比较短暂，但是造成三足鼎立局面的大人物们倒是都露面了。曹操不用说了，孙坚也在其中，刘大耳朵当时在哪呢？大家可还记得"三英战吕布"这场精彩对决，那就是发生在讨伐董卓过程中的重要一战。不过当时刘备没有资格和曹操、孙坚等人平起平坐，他和关羽、张飞兄弟三人是以公孙瓒部将的名义出战的。

汉末之时，袁氏兄弟的实力还是很强的，后来却屡战屡败。其他诸侯也逐渐被后来居上的曹刘孙等人一一击破或者吞并。可见对于超级主公们来说，崛起时间的早晚、一时一地的胜利或者失败都算不了什么。心够黑、脸皮够厚、性格够坚韧，这才是他们能够纵横天下的生存法则。

这个男人真的不简单

夏侯霸的名字在名将如云的三国时代并不算如雷贯耳，但是分析过这个人的关系网之后，我们不禁感叹：这个男人真的不简单！

他的老爸是魏国名将夏侯渊，他的姨夫是三国最负盛名的枭雄曹阿瞒（曹操小名），他的堂妹上山打柴被猛张飞劫走做了夫人，他的女儿在司马氏当政之后嫁给了西晋的开国元勋羊祜羊叔子。如果加上女儿的大姑姐羊徽瑜是司马师的皇后、女婿的姨妈就是自己姨夫曹操的梦中情人蔡文姬小姐的话，这个关系网就更加错综复杂了。

夏侯霸是夏侯渊的次子，按常理来说，应该是名副其实的"将二代"才对。夏侯渊在曹操手下东征西讨，战功赫赫，这样的荣耀谁人不晓？可能是曹操为了照顾自己这位本家兼连襟兄弟，在平定张鲁之后没有让他跟着回大本营，而是授予他征西将军的大权，镇守汉中。刘备要出蜀的话，汉中是必经之路。双方在这里僵持了一年多，也没有分出胜负。后来定军山一战中，老将黄忠出马，夏侯渊死在阵前。

老爸的死讯传来之后，夏侯霸对蜀汉政权恨得咬牙切齿，总是自告奋勇要征讨刘备大军。没有老爸罩着，年轻的夏侯霸的仕途并不是很顺利。经过六年战场厮杀，他才做到了偏将军，被封为关内侯。曹魏集团的人都知道夏侯霸与蜀汉有着不共戴天的杀父之仇，每次对蜀汉开战，都让夏侯霸打先锋。因为作战格外卖力气，夏侯霸逐渐受到大将军曹爽的重用。

魏明帝曹睿临死之前，就是将养子曹芳托孤给曹爽和司马懿的。以后来人的眼光来看，曹睿的眼光还是很独到的。虽然曹爽和司马懿不会好好帮着他的后代打理江山，但这两位老兄的能力不容置疑，他们能将原本三足鼎立的天下大势搅得变了格局，那本领的确不一般。

再说在曹爽的关照之下，夏侯霸的军旅生涯开始有了起色。正始五年（公元224年），夏侯霸被小皇帝曹芳封为讨蜀护军、右将军，进封博昌亭侯。看看"讨蜀护军"的官职，我们很难想象几年之后，夏侯霸会倒戈成为蜀汉的重臣。

这种戏剧性的变化发生在曹爽和司马懿较量失败之后。曹爽再有才也比不过心机深沉直逼诸葛孔明的司马懿，两个人为争夺掌控曹氏江山的实权斗得不可开交。最后还是司马懿技高一筹，不但让自己的儿子成功取代了曹氏，坐上金銮殿，还把昔日的对手曹爽夷灭三族。

曹爽一死，夏侯霸不干了。本来他留在魏国是出于对曹氏家族的忠心，对曹爽大将军的知遇之恩，现在曹家人已经没了，换成了他不喜欢的司马氏控制了政权，那么魏国就不是他的归宿了。

离开魏国之后，何去何从成为夏侯霸的一大难题。本来天下就是三分，现在魏国不能待，吴国不熟悉，蜀汉是仇敌，夏侯霸觉得天下之大已经没有自己的容身之地了。思来想去，还是常年敌对的蜀汉更熟悉一些，更重要的是，他还有杀手锏留在蜀汉。

蜀汉国君刘备的结拜兄弟张飞不是掳走了自己的堂妹吗？现在可好了，张飞这个莽夫还算够意思，对自己的堂妹礼遇有加，还生了两个如花似玉的外甥女。而且很早就听说，刘备的儿子刘禅很喜欢自己的外甥女，已经将姐妹二人都纳到后宫了。十几年前，大外甥女敬哀皇后去世了，刘禅还不错，又将二外甥女立为皇后。有了做皇后的外甥女撑腰，自己果真到了西蜀的话，应该能享受国舅爷的待遇吧？

想通这一点，夏侯霸不再犹豫，动身来到蜀汉。刘禅得知老婆的娘家舅舅来了，马上派人出城迎接。原本，夏侯霸还有点犹豫，蜀汉的将领们会不会因为自己常年奋战在两国交兵的第一线而为难自己？可是刘禅的一番话打消了他的顾虑。

世人都说"扶不起的阿斗"，可在夏侯霸眼中，这位外甥女婿还是很仁义的。身为一国之君，刘禅一点架子都不摆，还主动解释："战场之上，刀枪无眼。你的父亲是死于乱军之中，我的部下也是为国尽忠，不存在什么化解不了的深仇大恨。"

这样一来，夏侯霸顿时放松了不少。刘禅紧接着又指指自己的儿子说："这小子是刘家的骨肉，也是你们夏侯氏的子侄。"这种示好谁看不出来？于是，蜀汉众将没有人敢找夏侯霸的麻烦，夏侯霸也开始努力适应自己的新环境、新职位。

蜀汉自立国以来，念念不忘的就是北伐中原，这个事业从刘备到刘禅，从诸葛亮到姜维，已经进行了几十年。不管成效如何，这件事已经渗到他们的骨子里，成为使命一般存在。

夏侯霸很快就明白了自己入蜀之后，上上下下都对自己礼遇有加，不光是沾了外甥女是皇后的光，更重要的是自己曾经身为曹魏集团高级将领的身份。对故国的熟悉、对魏军内部情况的了解才是夏侯霸这个"叛国之臣"备受重用的根本原因。

作为从敌国内部投奔过来的高级将领，夏侯霸掌握的情报不可谓不重要，至少丞相姜维就非常重视"国舅爷"这点好处，经常就伐魏的事情来征询夏侯霸的意见。"忠臣不事二主"的警告对于乱世枭雄来说根本不是问题。关键是，当你身在一国的时候，就要全心全意为这一国服务。了解到这一乱世生存准则，才能活得如鱼得水。

夏侯霸在蜀汉受到的礼遇甚重，但是很多与魏国对抗多年的悍将还是不买他的账。比如说他比较敬重的荡寇将军张嶷就是其中之一。夏侯霸有心结交张嶷，放下身段主动示好，说想交个朋友。张嶷却说："咱们两个互相之间并不了解，谈什么交心呢！不如等个两三年，互相了解得多一些再说不迟！"

尽管如此，他在蜀汉的地位还是步步高升，最后成为蜀汉为数不多的得到谥号的臣子。可惜的是，夏侯霸谥号是什么，正史当中没有记载，只是含糊提了一句是追谥的。即便这样也很了不得，因为整个蜀汉立国四十二年，死后得到封谥的人不过十几个而已，夏侯霸也算死得光荣了。

从一个圈子进入另一个圈子远远不是一件容易的事情。总是圈子边缘人的话，这样的更换门庭也许还不算困难，但是想要从一个圈子的核心转移到另一个圈子的核心，没有足够的资本，那是不可能玩转的。夏侯霸能从魏国征蜀护军做到蜀国的车骑将军，裙带关系和自身实力缺一不可。

混乱世，出身好还要有实力

士族就是中国古代的特权阶层，用西方人的观念来看，也可以称之为贵族。在中国历史上，门阀士族影响最为深远的时期是在东汉到唐朝这六七百年的时间。

如果说两晋时期是门阀最为鼎盛的巅峰时期，那么处在两头的汉末和唐初就分别是士族兴起和消亡的低谷。本来刘秀的东汉政权就是在豪强地主的支持下建立起来的，所以把持地方经济大权的大家族逐渐就形成了名门大族。荆襄蔡氏家族正是汉末乱世当中极为显眼的豪门大族之一。

在这里，我们要说的主人公叫蔡瑁。熟悉三国的人都知道这个人本来是荆州刘表的水军将领，后来依附了更有实力的曹操，但是在东吴周瑜巧妙使用了反间计之后，蔡瑁和搭档张允被曹操给"咔嚓"了。少了这两位水军人才，曹操的八十万大军才在赤壁一战中元气大伤，给了孙、刘两家喘息的机会。

蔡瑁本人的治军能力如何，暂且不提，单看蔡家错综复杂的人际关系就知道豪门望族的关系网无论何时都不能小觑。蔡瑁的老爸蔡讽是蔡氏家族的族长，家底丰厚。看看后来蔡瑁投靠曹操的时候，府中的美女就地一划拉就是几十个，比曹操的后宫还要讲究。

她姑姑嫁给了东汉位列三公的太尉张温。别管张温的官位是花钱买来的还是自己勤勉执政应得的，这份荣耀确确实实降临在张温头上，身为内侄的蔡瑁焉能不沾点光？

蔡瑁自己也有两个妹妹（也有说两个姐姐），其中一个嫁给了荆州名士黄承彦。这位黄先生是当时文学界的大腕，知名度相当高。要没有这点资本，他怎么有本事把自己的"黄头黑色"的丑丫头许配给"身长八尺，容貌甚伟"的诸葛孔明呢？诸葛亮肯点头答应这门亲事，看中黄姑娘的才华不无可能，恐怕更为看中的还是岳父雄厚的人脉资本吧。

蔡瑁的另一个妹妹嫁给荆州"一哥"刘表做了后妻。想想看，刘备一个编草席、卖草鞋的人都能自称"中山靖王"，让别人叫自己一声"刘皇叔"，就可以知道汉朝人多么注重自己的族谱、出身。刘表这位手握重权的荆州牧更不必说了，那是正宗的皇室宗亲，比刘备这位"中山靖王之后"的血统高贵了不知凡几。刘表的野心相对于逐鹿的汉末群雄来说并不大，他只想管理好自己荆州这一亩三分地。有句话怎么说来着，叫"匹夫无罪，怀璧其罪"，刘表本身无大过，但他控制着能够影响天下格局的荆州、襄阳等兵家必争之地，就等于得罪了所有觊觎天下的野心家们。

如果说三段显赫的政治联姻还不够说明蔡家势大的话，我们再看蔡瑁的亲族故旧都是什么身份。郿相蔡瓒、巴郡太守蔡琰都是蔡瑁的堂兄弟。至于他本人，则是南郡竟陵太守、镇南大将军军师。

有人说，蔡瑁能当上竟陵太守、镇南大将军军师，都是刘表的主意，谁让人家有个漂亮的妹妹嫁给刘表做续弦了呢？可是，刘表虽然说不上圣明，好歹也是割据一方的霸主。如果蔡瑁真的是"烂泥扶不上墙"，他怎么能够放心把军政大权交给大舅哥呢？

在靠拳头说话的乱世，谁不知道保存实力才是关键，有几个人会为了照顾亲戚的面子葬送自己的江山？这样算来，蔡瑁还是有一些真本事的。至少，他在水军方面的操训能力就能让刘表放心，让曹操留心，让周瑜担心。蔡家将女儿嫁给年迈的刘表固然有给自己找乘凉大树的意思，刘表"放牧"荆州，未尝没有刻意拉拢当地士族，助他顺利展开工作的意思。

蔡瑁为后人不喜的原因有一点是他不支持刘表的长子刘琦，而是处处维护次子刘琮的利益。如果您知道刘琮的生母是蔡夫人，他是蔡瑁的亲外甥的话，还会拿这件事来指责蔡瑁吗？"帮理不帮亲"的人是圣人，"帮亲不帮理"的蔡瑁是凡人。

在帮助自己外甥夺权的过程中，蔡瑁与刘皇叔发生了冲突。因为刘备前来投奔刘表之后，一直是支持刘琦大少爷的。刘备虽然实权不大，也没有自己的地盘，但人家有一个人所不及的优势就是名声好。荆州士族虽然以蔡氏家族为首，但是眼看着蔡家的权力一步步膨胀，其他士族除了愤愤不平之外，就要想办法防止蔡氏一家独大了。拥有庞德公、庞统这种谋略型人才的襄阳庞氏家族就是蔡氏之外的大族，他们选择支持刘备显然是出于保存家族势力的需要。

刘备有了襄阳当地庞氏家族的支持，对蔡瑁的威胁就更大了。正好刘表病逝，曹操来了。蔡瑁知道曹操是不喜欢刘备这个人的，就想借曹操之手来干掉刘备。可是曹操比蔡瑁精明多了，他答应帮助蔡瑁把刘琦、刘备赶出荆州，但是蔡瑁的水军就要编入曹操的大军了。另外，为了显示对蔡瑁以及蔡氏家族的重视，曹操郑重任命蔡瑁为自己的长水校尉，统领所有的水军。如果这样的合作能持续下去，也未尝不是一件强强联合的好事，往不好听了说，蔡氏的产业被曹操这样超一流的大公司给吞并，并不寒碜。

身为东吴将领的周瑜对于蔡瑁的了解应该是最到位的。有句话说"最了解自己的往往不是朋友，而是敌人"，对于蔡瑁来说就是这么回事。刘表和曹操虽然欣赏蔡瑁的才华，但都没有达到周瑜"必欲除之而后快"的重视程度。为了除掉蔡瑁，周瑜巧用了"反间计"，让蒋干盗回了伪造的蔡瑁通敌的书信。曹操一时气愤，就将蔡瑁斩了。没了蔡瑁指挥的曹魏水军对周瑜来说丝毫不惧，于是一场经典的赤壁之战轰轰烈烈地上演了。

一人之身牵扯魏蜀吴三方力量，蔡瑁也算是一号人才了。至于门阀大族出身，靠着姻亲关系与方方面面都有着丝丝缕缕的联系反倒显得不那么重要了。还是那句话，身在乱世，想要进对圈子，靠的不仅是出身，更重要的是审时度势的眼光和乱世自保的能力。有眼光，才能看清形势，投靠明主，有实力保全自己，才能守得云开见月明，坚持到天下三分、互不干扰的那一天。

诸葛家族的"分散型投资"策略

遥远的三国时期，有这样一个分侍三国的好兄弟组合，他们是琅琊诸葛家族的三兄弟——诸葛瑾、诸葛亮以及他们的堂兄弟诸葛诞。

《世说新语》中提到，"于时以为蜀得其龙，吴得其虎，魏得其狗"，就是指诸葛三兄弟分别服侍三位君主，每个人都得到了重用。这里的"狗"是"功狗",虽然比起"龙""虎"稍微弱了一点,但也是有功之臣的意思。

诸葛瑾和诸葛亮的父亲叫诸葛珪,他当过青州泰山郡丞,俸禄是六百石,与儿子们后来的成就没法比,但这位父亲好歹把儿子们带上仕途一路。尤其是老大诸葛瑾备受宠爱,少年的时候,老爸就出钱让他到京师游历,增长见识。

诸葛亮没有哥哥那么幸运,他才六岁的时候,老爸就去世了。诸葛瑾当时也不过是一位十三岁的少年,没有能力供养两个弟弟。叔叔诸葛玄看诸葛亮聪敏伶俐,就向嫂子说他会抚养孔明成人。这样,诸葛亮小小年纪就依附了叔叔,过起了寄人篱下的生活。日后他的性格会那样谨慎,也许与从小就寄住在叔叔家有关。

诸葛玄本来有机会做豫章太守的,可是阴差阳错没有成行。原来,豫章太守周术病死了,他的老朋友刘表就赶紧上表,推荐诸葛玄去替补。朝廷也听说这件事,却派了一个叫朱皓的人也来豫章上任。结果诸葛叔叔跑得慢,朱皓先一步进了南昌城,坐稳了位子。

没办法,倒霉的诸葛玄叔侄只好来到荆州寻求刘表的荫蔽。在刘表的牵引之下,诸葛玄结交了庞德公、黄承彦等当地名流。等到诸葛亮长大之后,也因为满腹经纶得到荆州名士圈子的认可,还有了一桩绝佳的政治婚姻。

诸葛珪一共有三男两女,无论哪个都没让他操心。

诸葛亮不用说了,蜀汉丞相,蜀国的一大半江山都是他打下来的。后主刘禅称其为"相父",刘备甚至说过要把江山拱手相让的客气话。刘备的虚情假意不必理会,但是诸葛亮确实有取代刘家坐天下的实力和机会。人家不肯逾越,谨遵人臣的本分,不是没有能力，而是不屑夺权罢了。

说起诸葛亮的影响，就得分成生前身后两个阶段了。很多人是"生前寂寞，死后荣耀"，诸葛亮不一样，他活着的时候就是智慧的化身，死了更是忠臣的楷模。成都的武侯祠、河南的卧龙岗、陕西的武侯墓、襄阳的隆中风景区，这些景点已经被后人祭奠了千年，香火始终很鼎盛。

诸葛瑾是诸葛亮的哥哥，经鲁肃引荐到东吴效力，官至大将军，封宣城侯，领豫州牧。诸葛瑾能文能武，是不可多得的人才，在东吴的人缘极好：周瑜、鲁肃、陆逊、孙皎、张昭等不是一个小圈子的人都与他交好。这些人的传记当中一般都只能提到两三个至交好友的名字，诸葛瑾都榜上有名。

两个好儿子已经说过了，还有一个小儿子叫诸葛均，先在南阳老家"躬耕"，后来跟着二哥诸葛亮到了西蜀，弄了一个长水校尉的职位。两个女儿嫁得也不错，大女儿嫁给了原刘表手下蒯鹏、蒯越的弟弟蒯祺，此人当了房陵太守。二女儿嫁到荆州名门庞家，是捧红了诸葛亮的庞德公的儿媳妇，同时也是"凤雏"先生庞统的嫂子。怪不得庞德公当年把诸葛亮夸成一朵花，恨不得全天下的人都来赏识那位"苟全性命于乱世"的人才，原来还有这么一层亲戚关系在里面呢。

诸葛诞是诸葛亮的堂弟，在魏国效力，为征东大将军，封高平侯。尽管《世说新语》当中对诸葛诞的评价最低，诸葛诞的名声也没有两位堂兄叫得响亮，但是他的后代的命运却是最好的。诸葛亮病死五丈原之后，短短三十年的时间，诸葛家族由极盛急转直下，甚至到了灭三族的地步。

只有诸葛诞的后人在东晋时候重新崛起，他的女儿嫁给琅琊武王司马伷（司马懿第五子），他的重孙子就是东晋开国皇帝司马睿。他的孙子诸葛恢，东晋官至尚书令，死后追赠左光禄大夫。这个诸葛恢太有霸气了，当时谢安的父亲主动找他提亲，想要诸葛家的女儿为儿媳，被诸葛恢以门不当户不对给拒绝了。后来陈郡谢氏没过多少年就成为东晋第一豪门世家，不知道诸葛恢后悔了没有。

两汉虽然重视出身、门第，但是到了三国纷争的乱世，很多传承多年的世家大族都灰飞烟灭了，这让更多的新兴寒门势力有了崛起的机会。刘备本来就是"皇叔"，可以不算，曹氏、孙氏以及诸葛氏都算是三国时代崛起的重要门阀了。曹魏、孙吴都是因皇位而尊崇，只有诸葛氏仅靠一代人的力量，就把家族送上了时代巅峰。时人评价琅琊诸葛氏为"一门三方为冠盖，天下荣之"。

因为蜀国和吴国之间有"抗曹"的同盟关系，诸葛亮和诸葛瑾这对亲兄弟之间并没有因为分侍二主闹什么意见。不过当诸葛亮到东吴进行国事访问的时候，诸葛瑾除了公事上的应酬之外，为了避嫌，私下一次面也不敢见的。两兄弟的谨慎由此可见一斑。

相比较来说，身在魏国的诸葛诞就比较悲催了。因为诸葛亮的原因，他一直是受压制的角色。直到诸葛亮病死，诸葛诞才得到重用，历任要职。诸葛瑾的儿子诸葛恪后来接替了其父的职位，和堂叔诸葛诞在同一时期领兵作战。不知道这叔侄两个有没有短兵相见的时候，真出现了那样的情况，他们又该如何处理，想必会很精彩的。

按照诸葛家族的如意算盘，魏蜀吴三国都有自己人在，无论哪方最后获胜，统一全国，都能保住另外两支力量。可惜人算不如天算，最后结束三国分治的竟然不是曹、刘、孙任何一家，而是雄心勃勃的司马氏父子。诸葛瑾为人谨慎，精通为官之道，可算是东吴政坛上的不倒翁。可他那个"青出于蓝而胜于蓝"的儿子诸葛恪却没有其父的政治智慧，锋芒太露，以至于后来权倾朝野，遭人嫉恨，被宗室大臣孙峻联合国主孙亮夷灭了三族。

族盛族灭，弹指一挥间，真是造化弄人！

豪门也分三六九等

史上最著名的簪缨世家

魏晋时期，最时髦的人才选拔机制"九品中正制"讲究的是"上品无寒门，下品无士族"。出来混的人如果没有显赫的家族、没有几个拿得出手的同宗名人，那是不好意思跟人打招呼的。

不过也不是所有的士族子弟都能玩到一起，组成一个大圈子，士族与士族之间也是有差别的。有老牌名门望族，就有当朝新贵，有在一时一地称雄的大家族，也有名扬全国的顶级世家。如果非要在这些世家大族当中评出一个"第一豪门"或"第一家族"的话，琅琊王氏绝对是众望所归。

尽管当时一流的社交圈子还包括皇室司马家族、陈郡谢氏家族、颖川庾氏家族、龙亢桓氏家族等，但是他们并不能与琅琊王氏真正比肩。直到"谢家宝树"谢安、谢玄等人导演了堪称完美的"淝水之战"，将陈郡谢氏的层次再次提升之后，王家才没有一直寂寞下去。也是从那时候起，"王谢子弟"成为绝大多数豪门公子的别称。

可还记得，影响了中国一千多年的《二十四孝》《二十四悌》当中，分别有一个"卧冰求鲤"的王祥和一个"争鸩舍生"的王览吗？正是这两个异母兄弟，奠定了琅琊王氏三百多年冠冕不绝的基础。他们的孙辈王戎、王衍、王澄、王敦、王导等人，则开启了权倾天下的江左豪门。东晋元帝司马睿在王导、王敦兄弟的扶植下登上九五之尊后，甚至摆出了"王与马，共天下"的超低姿态。

王氏簪缨能够绵延数百年，自然是人才辈出。甚至到了王祥、王览孙辈成长起来的时候，擅长拿当朝贵族调侃的《世说新语》竟然大方地给出了"琳琅满目"这种大赞特赞的态度。

据说，当时有人去拜访当朝太尉王衍，遇上了王戎、王敦、王导在座，心里就惊叹，怪不得王氏家族能够这么显赫呢，看看人家的子弟，个个都是仪表出众、气质不凡。当他来到另一间屋子的时候，又看到了风流倜傥的王诩和王澄，同样是眼前一亮。

出来之后，有人问他："到王太尉府上，感觉如何？"

这人老老实实回答："触目所见，无不是琳琅美玉。"

要说当时王衍的名望权势那么大，来访人的回答未必没有讨好的成分。但是如果王家子弟都上不了台面的话，这人也不会违心说出"满目琳琅"这样的恭维之语。毕竟，两晋的名士还是比较注重名声的，谁也不愿被别人看作是趋炎附势的无耻小人。

有一种家风叫"与时俱进"

在中国，但凡名门望族，都是有族谱传世的，尤其是注重出身的古代，家谱更是撑门面的必备道具之一。在"琅琊临沂王氏谱"当中，娶了一位恶毒后妻，生了两个贤明儿子的王融是琅琊王氏的一世祖，这位王老爷子自身并没有多少值得夸耀的地方，最大的功绩也就是留下了两位名扬后世的好儿子。从王祥、王览兄弟身上，我们看到了王氏得以世代簪缨的些许秘密。

从王祥、王览的为人处世来看，他们比较幸运地出生在重视"忠孝仁义"的大汉末期。如果两兄弟晚生一百年的话，到了"清谈""放诞"为主流的东晋，就成了迂腐之人的代表了。换句话说，当时还是儒家传统思想占据社会主流的时候，不需要通过层层考试，然后再去和几千人共同竞争一个并不起眼的位置。

当然，也不是说想当汉朝的官员就很容易，不用选拔就能通过。实际情况是，当时有一个"察举制"，特别是为人孝廉方正的都可以被上官举荐为储备型人才，一旦有了空缺，就能当官赴任了。

不知道是无心插柳还是有意为之，王祥和王览的名字分别出现在了流传千古的《二十四孝图》和《二十四悌图》中，成为当时"忠孝双全的明星"。这样的人才当然要被当局树为典型，教育子民了，于是这兄弟二人的名字出现在皇帝的桌案上，共同成为全国人民学习的"道德模范"。

成为"道德模范"给王家兄弟带来的直接好处，就是为哥俩儿"联通"了步入仕途的圈子。既然当时还讲究"举孝廉"，那么作为推举人来说，没什么名望的人和全国性的"道德模范"哪个成功率比较高自不必说。所以，王氏兄弟在家坐着，就"屡受征辟"了。

这个时候，如果王祥或者王览禁不住做官的诱惑，年纪轻轻就出山的话，很可能用不了多长时间就在官场翻船了。这两个人厉害之处就在于沉得住气，他们会"端着"。任谁左请右请，他们是坚决不出来。这样一来，两个人的名声更是显赫，知道他们的人越来越多。

　　时光推移，王祥兄弟这一等，竟然从汉朝的年轻人变成了魏国的老头子，眼看就没什么风光的机会了。可是原来跟随曹操的吕虔将军如今做了徐州刺史，凑巧还听说了隐居到此的王氏兄弟的故事。吕刺史就仿效自己大老板曹操求贤若渴的姿态，亲自邀请王祥出山，做自己的高级助理，请他全权处理徐州府的日常事务。

　　王祥一开始还推辞，毕竟都"端"了三十来年，推辞不就成为习惯了。这个时候还是王览出了主意，他悄悄告诉大哥，再推辞下去，恐怕王家这辈子都没有出头之日了。这个吕虔刺史既然如此诚心相邀，大哥还是从了他吧。

　　王览知道王祥迟迟不愿意出仕还有一个担忧，就是自己的年龄问题，毕竟都是年过半百的人了，这个时候再出来折腾怕人笑话。王览没有这个顾虑，他就劝大哥说岁数大点怕什么，姜子牙不是八十岁了才遇到周文王吗？您现在还不到六十岁，正当年呢。这样，王祥在吕虔和王览双面夹击的情况下，担任了徐州府的二把手。

　　还别说，这年岁大的人当官就是稳妥，王祥在极短的时间内就把徐州治理得井井有条。当时还有海盗出没，王祥也毫不手软，亲自率兵讨伐，打得盗匪们求爷爷告奶奶地逃走，再也不敢来犯。

　　有一个小段子很有意思，讲的是吕虔如何笼络王祥的故事。

据说吕虔有一把佩刀，特别的珍贵，有相术大师看过此刀后就说，"必三公可服此刀"。什么意思呢？他是说这把刀太特别了，一般的人根本不配拥有它，弄不好还会倒霉，只有位列三公的人才能降伏这把刀，这刀会给他真正的主人带来好运。

吕虔就很郑重地将这把佩刀赠送给了只是自己助理的王祥，并预言王祥将来会超越自己。后来的事情果然如同吕虔所预言的那样，王祥的官职越做越高，不但在曹魏时代风光无限，到了司马氏掌权的晋朝也是游刃有余，全身而退。

王祥升职到中枢机构，位列九卿的时候，正是司马氏权势滔天的时候。他能得到曹氏的信任，还能不被司马氏排斥，这样的人才绝对是玩政治的高手，怪不得他们琅琊王氏的富贵荣华能自王祥而始。

公元260年，曹操的重孙子曹髦因为对司马氏的强横不满而被司马氏派人刺死。满朝文武皆惶恐，谁都不敢多言。连皇帝都被司马氏杀了，他们还有什么事做不出来呢？只有王祥不一样，他抱着年轻的曹髦的尸身大哭，还高喊"老臣无状"，这份胆量让同僚汗颜的同时，他们也不得不承认王祥狡猾如狐。

他抱着旧主大哭，显示了自己当年的忠孝仁义不是徒有虚名。另外，他没有指责司马氏是杀人凶手，而是勇于自我批评，说是自己没有劝阻好小皇帝，才让不到二十岁的曹髦枉送了性命。司马氏看到王祥如此识时务，当然会对他高看一眼了。

王祥是一个政治高手的同时也是一个预言家，他临死时把吕虔赠送给自己的宝刀转赠给了弟弟，而非儿子，他说弟弟王览的福气更大，后代必出三公。果然，王览在政治才能上不如乃兄，但他的福泽绵延更长，使得王氏家族达到顶峰的王导、王敦等都是王览的孙子。

清谈误国不误家

继王祥之后活跃在西晋政治舞台上的是王家第四代的子孙——王戎和王衍，这一对风流人物在西晋可是掀起了不少的风浪。从这哥俩开始，王氏家族和司马皇室的关系更加密切，与其他贵族圈子的交往也逐渐增多。王家，在王戎、王衍手中开始深刻体会到"炙手可热"带来的诸多荣耀与负面影响。

前文我们说过，在以孝治天下的东汉时期，王祥、王览兄弟顺应潮流，成为孝悌的楷模，得以升官发财。到了魏晋时期，"是真名士自风流"成为社会最为流行的主张，王家子弟当然也会与时俱进，改变他们的人生追求。于是，在举世闻名的"竹林七贤"当中，我们看到了王戎的名字。

本来竹林七贤当中的阮籍、嵇康、刘伶等人都是因狂放不羁、不与西晋司马氏合作而著称于世的。但王戎不一样，虽然他也跟着几位大哥竹林唱和、赋诗饮酒什么的，但他骨子里还是渴望入世的。这一点在阮籍、嵇康等人死后愈发明显，王戎很快就投靠了司马氏，曾经备受称赞的"清尚""死孝"都成了一种嘲讽般的存在。

王戎出名很早，从小就有神童的美誉，他出仕也很早，在曹魏时期就做到了吏部侍郎。他心机深沉，看到天下将乱就把"与时舒卷"当做自己的出仕准则，甚至故意败坏自己的名声来求自保。这一点颇有先祖王祥的遗风，将与时俱进进行到底。

当时王祥老爷子不也历经曹魏到西晋的改朝换代，却能屹立不倒吗？王戎"与时舒卷"的具体表现是低调，低调，再低调。他做礼部官员的时候，怕在升迁之事上得罪人，总是把工作交给下属处理，自己就骑一匹小马从单位后门溜出去放松。

"八王之乱"的时候，放眼看去，几乎每个手握重兵的皇家子弟都有登基的可能。但是王戎坚持"谁也不得罪，和谁也不套近乎，目睹惨剧也不申冤，听说也不干涉"的原则，结果几乎每次宫廷巨变他都安全度过了。最危险的一次是齐王冏的谋臣发怒，群臣惊惧，而王戎因为假装嗑药多了，药力发作，故意跌倒厕所里头，沾了一身的污秽免去了送死的命运。

他的族弟王衍善于品评人才，世人都说一经王衍品评的人就像"跃龙门"一样，马上会飞黄腾达。可是王衍这个人也极有个性，不像闹事摆摊的算命先生一样，看到谁都恨不得算上一卦。他很不喜欢赵王司马伦身边的权臣孙秀，就拒绝品评这个人。

王戎虽然年轻的时候也曾跟着他玩世不恭、笑傲竹林，但他身体里流淌的血液是王家审时度势的精明。对于族弟王衍的清高，他淡然一笑，接下来就好言相劝，非让王衍给孙秀一个很高的评价。王衍拗不过王戎的面子，给了孙秀一个好评，结果这个评论挽救了王氏家族的一场灾难。

司马伦对孙秀言听计从，当赵王得志、孙秀掌权的时候曾大开杀戒，血洗朝官。以王氏兄弟的资历，本来属于必杀的行列，但是孙秀想起自己还没有发达至此的时候，王衍给过自己一个好评，于是就放过了王家，让两个本该赴死的人毫发无伤。"你敬我一尺，我敬你一丈"，这也是魏晋豪门圈子中处事的不二法则。王戎弟兄看来也是深谙此道，颇得祖辈王祥的真传。

王衍的卖相和气质比王戎还要好，称得上琅琊王氏第一美男子。提到王衍的容止，不能不提"竹林七贤"当中年龄最长的山涛对王衍的评论。别看王戎和山涛同列竹林名士，两个人的年龄却相差将近三十岁，而王衍和王戎虽然是同辈兄弟，年岁也有二十年的差距。故此，当王衍还是一介小童的时候，山涛早就是当朝名士了。

据说山涛第一次看见王衍之后，感叹了许久。别人就问他："这位小公子资质如何？"

山涛有点答非所问，长叹一声说道："不知道是哪个老太婆，竟然生出了这样的儿子！然而误尽天下老百姓的，也一定是此人啊！"

暂且不提山涛的预言是否准确，单是一个黄口小儿就能让年过半百的当朝名士震惊成这个样子，我们可以猜想王衍从小就不是凡人。

晋武帝司马炎也听说了王衍的名声。他就问王戎："王衍是你的兄弟，你应该更有发言权。我且问你，当世的贤人、名士有哪一人能比得上他呢？"

王戎好好想了一圈，回答道："能跟他相比的人应该从古人中去找。"

这对君臣的问答不知道通过什么渠道流传出来，天下人皆知王衍成为西晋第一名士。名士自然要有名士的风流，王衍也很看重这个身份，竭力维持自己身为名士的身份，不肯做丝毫沾染世俗之气的事情。有人举荐他去做太守，他谢绝了；他老爸去世，亲朋好友送葬的份子钱都让他分给了前来借贷的人；王家的家底本来很丰厚的，可是在王衍"视金钱如粪土"和"生财无道"的指导思想下，没几年时间就将家底败光了。

这个时候，王衍为了生计，露出了自己的真面目。依靠妻子娘家的势力，他出仕了。或许带着名士的帽子风光了许久之后，他也不曾想到自己的将来会面临那么多俗不可耐的抉择。王衍出名的悍妻郭氏是同样彪悍的皇后贾南风的表姐妹，因为这点裙带关系，王衍在欣赏自己的晋武帝死后，还能身居高位而不倒。

可能是觉得光凭自己妻子这点关系不足以保住自己的地位，王衍还把自己两个女儿搭了进来。按说漂亮的大女儿嫁给太子算得上不错的选择，可是王衍却看出政权掌握在外戚手中，他把大女儿嫁给了贾后的侄子，却把相貌一般的二女儿王惠风嫁给了愍怀太子司马遹。这番权衡可以看出王衍在名士的外表之下，存了一颗什么样的七窍玲珑心。

贾南风在中国皇后史上称得上一朵"奇葩"了，这个丑陋的妇人很有政治野心，希望能和吕后一样临朝称制，可悲的是她没有与野心相对应的政治手腕。王衍空有"一世龙门"的美誉，也没有看出来贾皇后迟早要落败的命运。当贾南风风头正劲，诬陷太子司马遹谋反的时候，身为岳父的王衍不但不帮衬一把，反而落井下石，趁机提出要女儿和太子解除婚约。不过王惠风倒是刚烈，誓死不从。后来王衍强行把女儿从废太子身边弄了出来，王惠风就哭了一路，路边行人听了都于心不忍。

王衍的取巧并没有摆脱身死国破的结局，但他在有生之年能凭一张只会清谈不理国事的如簧之舌，身居高位多年，也不容易。幸好王家并非只有王衍一脉，他虽然死了，但族中同辈的王敦、王导兄弟却在八王之乱后衣冠南渡，扶植并不被人看好的司马睿开创了东晋一朝。琅琊王氏的声势也在王导兄弟手中达到了顶峰。

看来，一个家族想要长盛不衰，除了要有人才之外，还得子孙鼎盛才行。琅琊王氏不就是很好的例子吗？这一支倒了，还有另一支站起来，此起彼伏才能生生不息。

司马睿的郁闷

1 600多年前的一个正月，旧历年刚刚过去，建康城还沉浸在新年的气氛中。衣冠南渡的豪门士族也好，南方故地的原住平民也好，几乎所有的人都在为来之不易的安宁而衷心庆贺。四年前，琅琊王司马睿在王氏家族的辅佐下建立了东晋，将南方的汉人们聚拢到一起，说好要为收复北方的失地共同努力。

可是现在，元帝司马睿却坐在建康的皇宫内闷闷不乐。身边的宫人深知这位主子的脾气，看样子，司马睿何止是郁闷，简直快要大发雷霆了。原来，他曾经倚重为左膀右臂的王敦已经起兵造反了，他的铁骑说不定就要踏入建康城了。而且宫门外王导正带着王氏家族的子侄们从乌衣巷赶来，跪着忏悔，痛哭流涕，希望皇帝开恩不株连王氏满门。

王家，恨不得也杀不得的王家呀，司马睿的内心极度纠结。

惹得大老板郁闷、纠结的人正是王氏第四代的代表王敦、王导兄弟。有意思的是，王家的风云人物总是成双成对地出现，像是害怕因为落单而势单力薄。前有王祥、王览，中有王戎、王衍，后有王敦、王导，还真是不简单，代代都有不分伯仲的人才做顶梁柱，难怪王家能在魏晋南朝一流的士族豪门圈子得意那么多年。

曾经，司马睿对王氏家族的感谢是发自肺腑的，他甚至可以大度到对民间出现"王与马，共天下"的玩笑之语也不加以追究问责。更有甚者，司马睿不知道是弱智还是故意给王导挖坑，竟然拍着龙椅，示意王导和他一起坐在上面休息。聪明的王导当然是坚辞不受，但由这件事也可知道"共天下"的言论是有一定基础的。

王导在内为丞相，王敦在外为元戎，这两兄弟加上王家旁支大大小小几十名子弟在朝廷或者军中担任要职，可谓权倾朝野，风光无限。对于这一点，刚刚即位的司马睿可能不在乎，可是当他觉得屁股底下的皇位本来就是自己应有的东西，对王家的忌惮就一点一点产生，并且迅速扩大了。他开始重用刘隗、刁协等人，通过不断给刘、刁二人加官晋爵来表达自己对王家的不满。

其实说起来，刘隗和刁协也算有能力有权谋的人才，而且很早就在司马睿身边效力，被倚重也是正常现象。但是司马睿忘了，自己能够一飞冲天靠的是王氏这样显赫的门阀士族的扶植和拥戴，而非刘、刁这种能力尚可但家世一般的人才的支持。

现在怎么办呢？王敦并没有说自己造反，而是打出了"清君侧"的名号。王敦的出兵理由写得很明白，是要征讨皇上身边的佞臣贼子刘隗和刁协，而非推翻司马氏的统治。王导更是情真意切，皇上一天不见他，他就天天带着王氏的后辈们来宫门口谢罪。

身为绵延数百年的豪门望族的代表人物，王导的政治智慧非同一般。他仔细思量过了，皇上近来故意疏远自己，还要分走堂兄王敦的兵权，其实是害怕东晋会出现汉末那样"主弱臣强"的局面。

可是眼下要他们王氏举兵造反，完全推倒司马氏，显然还不是时候。另一方面，司马睿如果离开王家这样的豪门士族的继续支持，他的江山恐怕就摇摇欲坠了。现在皇上不肯见自己，只是思想没有转过弯罢了，他不着急。王导深信这位和自己同岁的皇上不是白痴，一定能想通其中的道理。

果然，司马睿在思考了几天之后，确认自己没有将王氏家族赶尽杀绝的魄力。毕竟司马氏的江山还离不开江东豪门的支撑，那么他也就没有必要在那里摆架子，让作为家主的王导天天跪在宫门外谢罪了。于是，司马睿在金殿之上召见了王导，对他好生抚慰，劝他不要受到王敦的影响，还是应该继续率领王氏子弟们为国家也为皇家效力才是。

王导很配合，马上做出感激涕零的样子，声明堂兄的起兵与自己这边毫无干系，只要不受到牵连就好。至于王敦，您就看着处置吧。这两个老戏骨的演技都很高明，他们和解的场面在不懂政治的人眼中，真是千古少有的贤君明臣。

王导这样给面子，司马睿也不好做得太过。再说了，王敦虽然确实不恭，但人家攻入建康之后除了开始就言明的"清君侧"之外，还真没有做其他违法谋逆、欺君犯上之事，所以他只能赦免了这些参与之人的罪过。

尽管司马睿恨王敦恨得牙根都疼，但他还"大度"地许之以丞相、都督中外诸军事等高位来笼络这位手握重兵的坏脾气先生。可是王敦并不领情，他潇洒地拒绝了皇上的封赏，说自己根本没有篡位夺权的想法，既然"清君侧"的目的已经达成了，那自己就可以退兵到原来的封地了。这样一来，反倒显得司马睿小题大做，心胸不够宽广了。不过一场兵变能和平解决，还算是大家都乐意看到的结局。

后来的事情有点不大靠谱了。王敦退兵之后，健康状况堪忧，这人一病了，就喜欢胡思乱想。正好王敦手底下有希望自己老板黄袍加身的人，他们趁机起哄，说大将军上次离皇位也就一步之遥了，再加把劲，咱们也能坐一坐龙庭。王敦想想也确实挺亏的，以他们王家的名望、地位，丝毫不弱于司马氏，甚至犹有过之。既然司马家都能称王称帝，那我们王家怎么就不可以呢？他同意了下属们一致认可的这个荒唐的请求，开始了第二次发兵都城的"壮举"。

王导这个郁闷啊，自家这个堂兄也太不让人省心了。上次闹出那么大动静，差点就给家族带来灭顶之灾。这次到底要做什么呢？你还当咱们王家真的炙手可热到了能登基坐龙庭的地步吗？还早呢？这个从小就容易冲动的王敦一定是被什么人教唆了。

为了家族的稳固，为了保存琅琊王氏的血脉，王导毅然主动挂帅，替元帝司马睿排忧解难。其实兄弟兵戈相见也是王导极为无奈的选择，如果不和王敦划清界限，这件事不知道要连累王家多少人呢。

王敦倒是命好，还没反叛成功就病死了。他的亲兄弟和儿子却难逃一死。王导这一门能够安然无恙，全靠家主当时迅速与堂兄翻脸的决定。看来，正是王导的审时度势、当机立断，保证了琅琊王氏政坛常青树的地位，哪怕谋逆这样的大罪都不能动摇其根本。

再牛气的贵族也抵不过枪杆子

东晋贵族的顶级沙龙

什么样的家族才能称得起世所公认的世家、豪门？这个问题在不同的时代有着不同的答案。放在 1 000 多年前的东晋南朝，这个答案是非常简单而明确的，那就是一流的家族非王、谢、庾、桓莫属。只有他们这些江左世家大族纵横交错形成的圈子，才是整个王朝的顶级沙龙。

至于这些豪门因何而起，又因何而灭，那可就是一部交织着权力与阴谋、血泪与荣耀、运气与实力、道听途说与正史翰墨的精彩传奇大戏了。也许有好命的人是含着金汤匙降生在豪门的王孙公子，但是无论何种层次的豪门都没有一蹴而就、一代即成的。尤其是一流的豪门贵族，往往需要多少代人的积淀和努力，才能在悠悠历史中占据一席之地。哪怕是在最容易产生名门望族的汉末魏晋时代，要想成为琅琊王氏那样的顶级豪门也绝非易事。

陈郡谢氏本来就不是曹魏时期的旧臣，他们通向顶级豪门的路走得更加曲折一些。那是经过谢氏子弟几代人的经营，谢家才能跻身为与琅琊王氏并列的南朝最高门户。

谢鲲是谢氏家族兴起的根源，在他之前，陈郡谢氏名不见经传；他死之后，谢氏已经成为南渡的侨姓士族当中不可忽视的一支力量。有人称赞谢鲲是东晋第一名士，因为他本人就是一个光芒四射的社交高手：他不但外表英俊挺拔，还腹有诗书，能和人滔滔不绝地讲经论典，除此之外，谢大才子还能歌善舞，在声乐、器乐和舞蹈上都颇有造诣，堪称当世艺术大师。

原本两晋时期对名士的要求容易多了，善清谈便是很重要的一项。可从谢鲲开始，增加了难度，没有点艺术细胞的人都不好意思说自己是风流名士了。这一点，谢家后世的子弟都颇为注意传承，他儿子谢尚也是这方面的行家里手。据说东晋第一权臣王导就特别欣赏谢尚的舞蹈和琵琶，对他十分看重。

当代大学生都知道，艺术系的学费相比其他专业的收费要高一些，但人家毕业之后成名、成"星"之后的收入也是远远高出同龄人的。两晋时代，为了标榜作为文化高门的与众不同，精通音律、鼓琴弹筝也都是装点门面的重要道具。

谢鲲小时候是很有优越感的，尽管他算不上纯粹的"官二代"，也不是什么"富二代"，但他老爸谢衡也很了不得，曾经担任过西晋的国子祭酒一职。千万不要误会"国子祭酒"是什么给人端茶倒酒的服务工作或者祭祀、跳大神这类的巫师神棍，那是堂堂正正的国家最高教育机构的主管。

在举国只有一所公立大学的西晋时期，谢鲲的老爸就是全国唯一的大学校长，换一个更时髦的名称的话，或许我们可以称呼他为国立皇家经学院院长。毕竟西晋时候虽然玄学渐兴，但是传承多年的儒学还是占据主导地位的。

从谢衡的升迁履历上可以看出谢鲲这个孩子还是很"旺父"的。他出生那年正好是晋武帝太康元年，当时他老爸还只是大学教授，等到他长到七岁的时候，老爸经过数次PK，终于成为大学校长。再过了两年，谢衡又当上了太子少傅、散骑常侍。既然老爸有学问，出生在太康元年的谢鲲就避免了叫"建国"这样比较大众化的名字，而有了《庄子·逍遥游》当中"北冥有鱼，其名为鲲"这样比较有文化内涵的名字。

在文化贵族家庭成长起来的谢鲲从小就有做神童的潜质。遗传基因好是一方面，他自己争气才是主要原因。谢鲲知道老爸看中的儒学那一套正在渐渐过时，而老庄的玄谈正在成为主流。小小年纪，他就主攻《老子》和《庄子》，将里面的内容背得滚瓜烂熟不算，他还经常在人前炫耀，侃侃而谈，引起了很多文化名人的注意。在当时那个崇尚清谈的年代，文化名人的孩子被高度关注如同今天明星的孩子被粉丝们关注一样，谢鲲很早就跻身于西晋文化界的顶级圈子。

艺术家和风流韵事的关系总是离得很近。谢鲲这个多才多艺的帅哥也不例外，他为了追求美女，竟然被人家用织布的梭子打掉两颗门牙。时人听说这件事之后都觉得可笑，有人故意逗谢鲲，问他："没了门牙，在高歌一曲的时候会不会漏风啊？"

谢鲲丝毫不觉人家是在笑话他，很认真地回答："犹不废我啸歌。"

不耽误唱歌倒不打紧，我们更关心的是少了两颗门牙的谢鲲还能叫帅哥吗？尤其是在两晋那么看重男人相貌的年代，少了门牙的谢鲲怎么出来作官呢？还是我们多虑了，年轻时候的谢鲲根本就不上班，有老爸丰厚的工资折在家里放着，他每天的任务就是清谈作秀，为了当名人而当名人。

有一天，他在大街上溜达的时候冲撞了司马炎的第六子司马乂，气得司马将军非要拿鞭子抽他一顿才解恨。这是怎么回事？还不是司马懿的后代太多，偏偏又没有一个手腕超强的人能掌控全局。司马炎死后，又传位给史上有名的"白痴皇帝"司马衷，这就引发了葬送西晋的"八王之乱"。

谢鲲得罪的司马乂就是作乱的"八王"之一。当时司马乂和司马颖正在兵戈相向，司马乂守在洛阳城，而司马颖则围在城外。谢鲲要出城，让司马乂误会他要出城投降，难免会生气。谢鲲不比一般老百姓，投降了不会有什么大的影响，谢鲲是名人啊，司马乂还是知道名人效应的。他拿出了鞭子，狠狠地盯着谢鲲。

谢鲲倒是光棍，大庭广众之下就慢慢解开衣服，坦然准备受罚，一点受辱的表情都没有。司马乂在欣赏谢鲲脱衣的过程中也渐渐消了气，觉得为一个没有功名、只会鼓唇弄舌的人生气不值得，于是赦免了谢鲲。

谢鲲听到自己又不用挨鞭子了，依然没有任何死里逃生的喜悦感，还是面无表情，慢慢悠悠地穿上衣服转身走了。这件事传扬出去，人人叹服谢鲲胆大包天，几乎忘了他被美女打掉门牙的糗事。

别看谢鲲平时总是一副放浪形骸的名士派头，仔细看他的人生轨迹，就会发现在年轻的时候，谢鲲在骨子里就是追求进步的。他与同辈的王敦、庾敳、阮修三人关系很好，几个人互相吹捧，俨然西晋的明星团队。王敦、庾敳都是名门子弟，自不必说与他们结交的好处，即便是家世不如谢氏的阮修，在当时也是名人。当他们相互借力的时候，往往能取得事半功倍的效果。

当朝宰辅王衍就很欣赏谢鲲的个性，经常邀请他参加比较高级的聚会。西晋的高级酒会都是以谈论老庄玄学而出名的，谢鲲在这方面的造诣正对他们的胃口。倘若谢鲲坚持父亲的儒学礼节，恐怕就难以融入西晋的上层圈子了。

家世不太显赫是一方面，能跟主流人物玩到一块才是最重要的。不知道谢鲲是本性使然还是为了与圈中人合拍，他在学会了不讲卫生的"扪虱而谈"、不顾形象的纵酒放歌之后，竟然成为这个圈子的核心之一。也是在他的努力之下，他的谢氏家族逐步向一流的圈子靠拢。

N年之后，曾经与谢鲲一起纵酒放歌的哥们儿王敦发达了，做了东晋的大将军，镇守豫章。王家本来就是名门望族，衣冠南渡之后更是押对了宝，拥立琅琊王司马睿做了皇帝，王氏家族的光芒一时无两。谢鲲沾了年轻时与王敦一起放纵的光，到豫章做了王敦的助理。随着王敦的军功日盛，谢鲲也跟着水涨船高，逐渐升到了大将军长史，还有了"咸亭侯"的爵位。

在豫章，谢鲲还重逢了当时最著名的美男子卫玠——没错，就是成语"看杀卫玠"的主人公。这年头，长得丑的人都想方设法美容、整容，好让别人多看自己一眼；可在卫玠的爹妈看来，自家孩子长得太好了简直就是灾祸，因为他每次出门都会引起路人的围观，时不时就造成交通瘫痪。

不过，卫玠南渡之后被称为"江左第一名士"的原因不全是他的外表所致，这个帅哥还擅长清谈玄学。王衍的弟弟王澄就特别爱听卫玠清谈，对他佩服得五体投地。

很早之前，谢鲲就很仰慕卫玠，好不容易见面之后，竟然对卫玠行了"亚父"之礼。要知道，谢鲲可是比卫玠还要大上六岁的人，竟然以叔叔的礼节来侍奉对方，推崇之情不用多说，这份厚脸皮的功夫也令人望尘莫及。卫玠死后，谢鲲千里奔丧，在"亚父"的葬礼上放声痛哭，如丧考妣。东晋关于小道消息的传播确实发达，很快谢鲲这场痛哭也成为上流社会的一段佳话。

作为王敦的助理，当老板做出"清君侧"这样惊世骇俗的决定之时，必然会征询谢鲲的意见。王敦很了解自己这位昔日好友的志向，让他做点无伤大雅的出格事情没有关系，可是让他站到皇室的对立面却是难如登天。他故意问谢鲲："刘隗这个奸臣整天在国君身边聒噪，危害社稷，你说我们帮着国君除掉此人如何？"

谢鲲听了这种大逆不道的话，心里打鼓，却佯装镇静地说："刘隗这个人确实不咋的，但他就像城墙下的狐狸、神庙中的老鼠一样，要除掉他，还得顾忌会不会损坏城墙和庙宇。"王敦当然不会听从谢鲲的劝告，但这件事暂时先放在一边。

几年之后，王敦果真发动了兵变，谢鲲跟随左右，如同伴虎。亲戚朋友都为他担心，害怕一旦王敦兵败，他会受到牵累，但谢鲲安之若素。有时候看王敦抓住以前的熟人，谢鲲都会劝上一劝，保全了不少人的性命。

有几次，谢鲲的规劝触犯了王敦的逆鳞，但是他碍于谢鲲的名声没有动手。谢鲲的命不错，王敦在失败之前，把他打发到豫章做内史去了；王敦病死之前的半年，谢鲲先一步死了。当朝廷向叛军算账的时候，谢鲲的名字就没有出现在株连的名单上。

与谢鲲付出了同样的努力，走了同样路数的人还有一个叫桓彝的。他的儿子叫桓温，在不久的后来，桓温将与谢鲲的儿子谢尚、侄子谢安发生很多交集。

一个家族的发迹史

公元323年，刚过不惑之年的谢鲲英年早逝，留下了足以继承其衣钵的儿子谢尚。那一年，谢尚15岁。如果说谢鲲代替乃父，为渡江之后的谢氏家族争取到了名分上的名门世族的进身之阶，谢尚则更进一步，为谢氏家族取得了地方藩镇的实权。

谢尚也像他的父亲一样精音律、善舞蹈、工书法、尚清谈，风流俊朗，极有明星范儿。比父亲更为高明的是谢尚除了文治之外，武功也有可观之处，他曾做过镇西将军、卫将军、开府仪同三司等高位，称得上文武全才了。但是有一点他不如谢鲲，那就是"无后"。谢鲲好歹还有谢尚这么一个儿子，谢尚却半个儿子都没有，最后过继了堂弟谢奕的儿子。

说起谢尚没有儿子这件事，宋朝编纂的《太平广记》上还有记载。相隔好几百年的宋朝狗仔队居然查到了谢尚年轻的时候曾经和家里的一名丫鬟谈过恋爱。年轻人的初恋当然会花前月下、海誓山盟一番的，何况是谢尚这样的风流才子。他为了表示自己对恋人的忠贞不渝，就立下誓言，将来若不把这个丫鬟娶进门就终身无子嗣。可是谢尚的问题恐怕就出在这了，他负了那位多情的丫头，所以日后他不管娶了多少妻妾，都没有生出一个儿子。还好，他有两个女儿，分别许配给了当时同级别的庾家和殷家，多少弥补了一些遗憾。

谢尚长得英俊，甚至到了"妖冶"的程度。不过当时人们说谢尚"妖冶"是绝对的褒义词，与当今的词义不太一样。据说当时有一位姓宋的美女曾经跟着绿竹学过吹笛子，令东晋名士们趋之若鹜。这位宋美人先跟了王敦做小妾，后来王敦造反倒霉之后，宋美人辗转到了谢尚府上，成为谢尚的新宠。都说女人善妒，其实男人的攀比心理也是很严重的，尤其是外表超群的美男子，更是注重别人对自己的评价。谢尚就曾问宋美人："我和王敦相比，谁更好？"

宋美人很会说话，微笑答道："王敦和您相比，就如同乡巴佬和贵公子的差距。"这句话未免刻薄，但是从一个以色事人的女子口中说出来却也不算什么，谢尚听了这句奉承却是非常高兴，他为自己老爸曾经的上司比不过自己很是得意。

或许是受到父亲的遗传，谢尚结交名人的手段也很高明。他少年时期就常常去拜访当朝名士殷浩，向他请教玄理。殷浩善谈玄理不假，他身处的陈郡殷氏也是当时的望族之一。东晋南朝的史书之上，立传的陈郡殷氏一门就有十几人。

既然谢家一脉也出自陈郡，自然与这位名人老乡有着天然的亲近。在请教学问的同时达到结交权贵的目的，谢尚小小年纪就引起了王导的青眼相加，王导提拔他在自己身边做助理。

谢尚能让当朝宰相王导看中，还有一个原因是他表演的一段舞蹈。当时流行一种"鸲鹆舞"，是模仿八哥的动作，估计比现在江南神曲的骑马舞要难度高一些。王导曾让谢尚在酒席之上表演，还主动为他打着节拍。一曲舞毕，王导慨叹"令人想起安丰"！安丰是王导的堂哥王戎，从此谢尚有了"小安丰"的别称。

王导是谢尚步入官场的引路人，但真正促使谢尚飞黄腾达的却是他的外甥女褚蒜子。褚蒜子比自己的舅舅谢尚小十四岁，在她年幼的时候，未尝没有把风流倜傥的舅舅当成过自己未来夫婿的模板。到了成家的年纪，褚蒜子嫁给了司马皇室的琅琊王司马岳。

公元342年，成帝病逝，皇位落到了毫无准备的弟弟司马岳手中，十八岁的褚蒜子就成了东晋的第四位皇后。司马岳命薄，仅仅在位两年就撒手归西了，褚蒜子却福大命大，竟然以太后的身份三度临朝听政，扶立了六位皇帝。从十八岁到六十岁，褚蒜子几乎一直处在东晋王朝权力的巅峰，有了这样的靠山，谢家的崛起已经不是问题。

在外甥女的支持下，谢尚弃文从武，来到军营，几乎做了半生将军。谢尚的军事才能与生前身后的名将相比差了很多，但以他的聪明才智，倒也把将军这个职位做得中规中矩，虽无大功，却也没有什么过错。对于一个世家子来说，没有败家败国，就算不错了。

真正令谢家步入一流士族圈子的人还不是谢尚，而是他的堂弟谢安。

谢安，"风流宰相"，李白最崇拜的偶像、谢氏子弟心中的光辉与骄傲的源泉。

经过了谢鲲、谢尚父子两代人的努力，陈郡谢氏由不为人知逐渐攀升到了二流家族甚至准一流家族的地步。但是也仅限于此，他们的能力到此为止，不能再进一步了。谢安的父亲谢裒曾为五子谢石向诸葛恢的女儿求婚，被诸葛氏以门不当户不对拒绝了。要知道，谢裒当时已经做到吏部尚书的高位了，可在曹魏时期就显赫非常的诸葛家族来说，仅仅发达了两代的谢氏还没有摆脱"暴发户""新出门户"的影子。是旷世奇才谢安的临门一脚，以淝水之战的盖世业绩才将谢氏家族真正纳入了与琅琊王氏并列的顶级圈子。

谢安出仕很晚，他的人生可以分为"隐"和"仕"两个阶段。隐居山林，他是潇洒不羁的名士；出仕为官，他是功名赫赫的宰相。将两种不同的人生都发挥到极致，谢安能成为谢氏子弟乃至后世文人的偶像绝非偶然。

谢安的哥哥谢尚、谢奕，弟弟谢万，都是二十来岁就名满天下，但谢安偏偏寄情山水，就是不肯出来做官。老爸都是当朝吏部尚书了，谢安如果想做官肯定是小事一桩。可他就是不愿意人家说他是靠老爸的关系才能当官的，所以死活不肯出山。从谢安二十岁开始，不知道有多少部门的邀请函、多少名士的请帖送到他的手中，但他每次都是想办法推辞。这样一来，官虽然没做成，名声却是越来越响亮了。

其实谢安一直不出仕还有一个理由，就是他认为自己的哥哥弟弟们都位高权重，没有自己凑热闹谢家也照样风光。故此，他才有了偷得浮生日日闲的闲情逸致。年轻时，与他交好、诗书唱和的是琅琊王氏的王羲之、王胡之兄弟。可是在谢安即将安稳地度过四十岁生日的时候，命运对谢家的打击接二连三地来了。

先是谢尚死了，接着谢奕也亡了，紧跟着是谢万因兵败被贬为庶人，而谢石、谢铁虽然还在位，但是他们的本领和地位都不很出众，显然不能挑起家族中兴的重任。没办法，谢安只能挺身而出，承担起振兴门户的责任。他也不想看到陈郡谢氏还没有晋升为江左豪门的时候就这样衰败下去。

正好，征西大将军桓温看出沉寂多年的大才子有出山的迹象了，马上就邀请他做自己的军中司马。谢安欣然应允，以名士的身份跟着桓温踏上了战场。四十岁才出来混官场的谢安显然比他的兄弟们要幸运。中年人的人生阅历比起二十来岁的小伙子，肯定要成熟和稳重许多。所以谢安的仕途从一开始就颇为顺利，直至终老。

谢家与桓温的交情始于谢安的大哥谢奕——才女谢道韫的父亲。谢奕同竹林名士刘伶一样是个酒鬼，喝多了之后总是疯言疯语。桓温不以为忤，对谢奕的不拘礼法很是宽容。当桓温镇守荆州的时候，就请谢奕来做自己的司马。两个人的关系很奇怪，工作时候是上下级关系，下班之后，身为上司的桓温却总是躲着谢奕。原来谢奕总要拉着桓温喝酒去，桓温不爱喝酒，没办法，只好"三十六计走为上"了。

桓温是一个很有个性的人。前面说过，桓温的父亲桓彝走上层路线，因平定王敦之乱有功而将原本清孤的谯国桓氏推上了东晋的名门之列。可是桓彝在接下来的苏峻之乱中又不幸身死，刚刚要振兴起来的桓家又面临家道中落的危机。最可怜的时候，桓温的母亲生病需要以羊做药引，他们家没钱买羊，只好把弟弟桓冲抵押给卖主，才换了一头羊回来。

从小就看尽世态炎凉的桓温早熟，十八岁的时候居然手刃仇人，为父报仇。这种胆识和气魄为他以后的军旅生涯奠定了基础。他没有走谢家先用清谈博得知名度，然后由幕僚入仕的捷径，而是靠自己建立军功来迈进政治圈。史书上说桓温相貌奇特，面有七星，被名士刘惔称赞"眼如紫石棱，须作猬毛磔"。一些演义小说中经常会说脚踏七星的人有帝王命，那么桓温长到脸上的七颗痣会不会给他带来非凡的运气呢？

从军之后，桓温从"先锋小督"做起，一直做到了控制荆襄二州的实权大将军。当时的征西将军庾翼很欣赏桓温，把明帝的女儿南康公主介绍给了桓温。当上了天子佳婿，桓温的从政之路才算稍稍平坦了一些。东晋这个王朝奇特的地方有两点，一是主弱臣强，二是重文轻武。武将出身的桓温即使和皇帝攀了亲，也要受到很多一流贵族的白眼。

在迎娶南康公主之前，桓温还曾向太原王氏王坦之的女儿求婚，但被王坦之拒绝了，理由是他不过是一个老兵的儿子。桓温当权后不断地出征北伐，渴望建功立业的动机很有可能就是为了报复昔日那些曾经轻视过他的所谓望族。

谢安到桓温帐下任职的时候，桓温已经是一代豪雄了。有大哥谢奕的交情在前，谢安本身的文采、人品也都十分出众，桓温对他很客气，这一对搭档最初的相处也很愉快。桓温被人称作司马懿、孙仲谋一类的人物，可见他本事大，野心也不小。谢安看出这一点，在桓温身边就不是死心塌地地效忠，而是巧妙周旋了。

如同谢鲲伴随王敦一样，对于桓温身边的谢安来说，离开这位危险的枭雄人物才是最稳妥的做法。很快弟弟谢万病逝给了谢安一个脱离是非之地的好借口。他借奔丧之名离开桓温，一去不复返了。脱险之后的谢安先是做了吴兴太守，后来又调到首都，成为国君的侍从。

公元369年，桓温北伐失利，虽然没有人敢责罚于他，但他在朝廷的威望却逐渐降低。这时候，桓温帐下一个参军献计：不妨做点大事转移人们的注意力，大家就不会盯着咱们北伐失利这件事了。什么事足够大呢？在桓温看来，司马奕这个皇帝当得不舒心，让他退休，换成丞相司马昱坐龙椅就足够大。就这样，桓温的一个决定，改变了司马家族两个人的命运。

被桓温扶上皇位的司马昱对这位重臣言听计从，在皇帝身边做侍从的谢安每次看到桓温也不得不行下拜之礼。可能是做皇帝太憋屈了，司马昱重病缠身，想让太子继位。桓温不同意，让他立遗诏，请自己入朝主持朝政，做摄政王。谢安和王坦之（拒绝过桓温求婚的那位王先生）是皇帝的近臣，看到桓温的要求马上劝司马昱将遗诏改为请桓温辅政，而非什么摄政王。这两个人坏了桓温的好事，让他一直怀恨在心。

后来桓温病重，上表向朝廷要求"九锡"。说起来，"九锡"本是朝廷赐给元老重臣的九件物品，后来经王莽、曹操、孙权等人接受过之后就成为权臣谋逆的前奏。桓温病了，朝廷谁说了算，自然是谢安了。谢安不肯给桓温这么贵重的赏赐，但也没有明确拒绝，一直拖着，拖了九个月，桓温病死也没见着朝廷送过来的"九锡"。

桓温死后，接过兵权的弟弟桓冲没有哥哥的野心，也缺少哥哥的谋略，很容易就被谢安收拾了。掌握兵权的谢安又在淝水之战中大放异彩，将谢氏家族推向巅峰。其中，踩着桓温家族的肩膀上位不能不说是极为关键的一步。

"风流总被雨打风吹去"

欧洲有一句名言，说"一夜可以造就一个暴发户，三代才能造就一个贵族"，我们中国有句与之对应的老话叫"富不过三代"。可见，一个豪门家族想要传承不息几乎是一件不可能的事情。既然改朝换代都不过是百十年的光景，那么风光了三百年的名门士族也算够本了。

谢氏家族鼎盛之时，对子女的婚姻大事那是相当挑剔的。一般来说，除了琅琊王氏和皇室之外，他们极少与非一流的士族通婚。

盛极必衰，万事万物都逃不开这个轮回。到了"诗仙"李白极为推崇的谢朓这一代，谢家的下坡路已经十分明显了。如果把谢鲲的老爸谢衡看做谢氏家族的第一代家主的话，那么到了谢朓是谢家的第七代传人。谢朓的母亲还是南朝宋国的长城公主呢，他自己却娶了屠狗之人张敬儿的女儿。当然了，谢朓成家的时候，张敬儿早就不杀狗了，成为了南齐名臣，一品大将军。但是他的出身怎么也无法掩饰，这要是放在祖爷爷谢安谢玄当家做主的年代，说什么也不会看着自家的"芝兰玉树"与出身如此低贱的人结为姻亲的。

谢朓的儿子谢谟也很不幸，本来是和萧衍的女儿订了婚的，后来谢朓被杀，萧衍却做了皇帝，两家的差距越拉越大。萧衍干脆耍无赖悔婚，将女儿嫁给了衰落晚一点的琅琊王氏子弟。当时萧衍没有料到，自己会间接成为灭掉王谢两族的凶手之一。

直接将王谢灭族的凶人叫侯景，这位老兄可不是什么善男信女，他是北魏怀朔镇鲜卑化的羯人，出生在今天内蒙古固阳县一带。羯人是匈奴人的后裔，长得都是高鼻深目，一脸络腮胡子，一看就是个"猛人"。

北魏末年，政治黑暗，北方边镇的少数民族都不满鲜卑族的统治，反抗事件层出不穷。正值少壮的侯景和胸有大志的高欢在多次战斗中配合默契，惺惺相惜。这时候，一个比他们两个更加生猛的契胡人出现了，那就是"功高孟德，祸比董卓"的胡部酋长尔朱荣。尔朱荣看见北魏内部乱兵四起，是个壮大自己部族力量的绝好机会，就主动提出要帮助北魏政府平乱。结果，各地义军成为尔朱荣上位的牺牲品，他在血腥镇压完各地义军之后，成为北魏大权臣，义军当中作战能力比较突出的侯景、高欢等人则成为尔朱荣的

245

部下。

尔朱荣有军事才能不错，但政治头脑不行，刚刚三十八岁就因为功高震主被朝廷杀了。高欢趁机自立门户，消灭了尔朱荣集团，自己掌握了北魏的大权。侯景只是看谁得势就依附于谁，无所谓忠心不忠心。他跟着高欢混得也不错，当高欢得了天下之后，曾经的战友侯景就成了一方封疆大吏。别看侯景读书不多，但是领兵打仗和治理封地都颇有心得，让高欢起了猜忌之心。

高欢病逝之前，对儿子高澄说要小心侯景这个人，那个家伙是有反骨的。高澄很听话，刚刚即位就开始着手收回侯景手中的兵权。侯景哪能坐以待毙，聚兵反叛成为他的首选。刚开始，侯景还真打了几场胜仗，但高澄集合的是一国之兵，侯景不过是一省之兵，时间长了承受不住，他开始向南方撤退，向梁朝萧衍投降并求援。

梁武帝萧衍当时已经是八十三岁的老头子了，笃信佛教，做了不少荒唐事。梁朝的大臣们都反对援助侯景，但是萧衍自己做了个梦，梦见自己将要一统中原，眼下牧守河南的侯景主动上表来降，哪有不接纳的道理？他力排众议，将侯景这条恶狼引入国门。

侯景降梁之后，被萧衍封为豫州牧，依然做他的河南土皇帝。但是高澄不死心，派遣使者来到南梁，说要南北交好，离间萧衍和侯景的关系。这一对临时组合的君臣搭档显然没有什么默契，侯景不敢指望萧衍会为了自己拒绝东魏的示好。他想了个办法，与其被动等人宰割，不如主动出击。他向萧衍上书，请皇上恩准他和王谢两家结婚的大喜事。如果萧衍答应的话，自己和南朝士族的关系就算巩固了。

可是王谢之家虽然已经没有了王导、谢安那样的灵魂家主，但是三百年来积淀的傲气和风骨还在，他们毫不犹豫地回绝了侯景的"提亲"。在他们眼中，连皇族都非佳偶，何况一个外来的异姓家族、粗人兼暴发户呢。

梁武帝萧衍没有办法，只好做起了和事佬，劝侯景说："王、谢门第太高，不如退而求其次，向朱、张以下门第试试。"萧衍老头儿这话也太不给面子了，王家、谢家都不行就罢了，朱家、张家还得"以下"。萧衍没想到，被惹怒了的侯景竟然强娶了他的孙女溧阳公主。

公元549年，侯景攻入建康城后，对这些曾经看不起他的豪门举起了屠刀。尤其是王谢两家首当其冲，成为侯景发泄怨恨的主要目标。短短几个月的时间，富庶的江南成为一个大大的修罗场，超过半数的百姓死在毫无人性的屠杀当中。同年十月，侯景自封为"宇宙大将军""都督六合诸军事"。这个想法多么超前，当时宇宙还仅仅是一个天文名词，侯景就能想到。

本来乱世混战，说不好谁是正义之师，但从北方跑过来搅乱南国的侯景显然不是什么善男信女。尤其是灭人宗族这样的事情都做得出来，可以预见侯景的结局好不到哪儿去。他在萧衍跟前除了强娶溧阳公主为妻之外，还霸占了大将羊侃的女儿为妾。羊侃在建康保卫战中担任了抵御侯景的主要将领，后在战斗中病死。

泰山羊氏虽不如王谢两家名头响亮，那也是传承许久的名门大族，岂会心甘情愿看着女儿在侯景这里委曲求全？尤其是羊侃的儿子羊鹍一来心痛父亲的过世，二来心疼妹妹受辱，对侯景是恨之入骨。为了报仇，羊鹍假意逢迎，装出一副忠心耿耿的样子。侯景觉得这个大舅哥还算识相，就允许他随侍左右，还经常厚赏与他。

梁朝对侯景痛恨的人比比皆是，反侯的战争一直没有断绝。当侯景势大的时候，羊鹍一直隐忍不发，但侯景露出败象的时候，他要行动了。

公元552年某夜，侯景身边众叛亲离，他被梁朝的军队追得节节败退，最后只剩下几十个残兵和羊鹍等少数几个"亲信"了。陆上已经待不下去了，他们抢了一艘船，想要出海逃生。羊鹍等到这一刻容易吗，他趁着侯景睡着的时候，命令水手改变航向，转往京口。

侯景正窝在船舱做噩梦呢，羊鹍带人来说要借他的脑袋一用。侯景爬起身来就要往船舱躲避，但他本来就是跛子行动不便，反抗了几下，就被羊鹍用长槊刺穿了身体。这还不算狠的，羊鹍知道南朝的百姓都恨侯景，希望亲眼看到他的尸首。为了防止侯景的尸体腐烂，羊鹍就命人挖空侯景的肚子，塞入大把大把的食盐。这样，他的尸首被完整运到了建康城。

大将军王僧辩正好在建康，他第一个动手，卸了侯景的脑袋，还砍下侯景的手送到了北齐；当侯景的尸身出现在建康城的时候，老百姓都疯狂了，抢着来吃恶人的肉，最后连骨头都抢没了。年仅十七岁的溧阳公主本来也得到一碗侯景的腐肉做成的肉羹，后来实在是太恶心了，才没有吃掉。侯景的儿子也难逃厄运，大儿子被高欢的长子高澄下锅煮了，四个小一点的直接阉割了。高欢的二儿子高洋登基之后，觉得侯景还有四个儿子活在世上很不放心，就把四个"太监"也下锅煮了。

比较起来，侯景父子的下场好像不比王谢两家的灭族之祸好一点。

　　王谢两族虽然不是同时发迹，但是都在衣冠南渡之后显赫于东晋、南朝，一直并称为江左豪门的领袖，后又能够同时败亡在一个军阀的手中，也算是有缘了。

撰稿人

谌旭彬，男，湘西才子，历史研究者。现任职于腾讯网文史频道，为频道主编。出版作品有《权力脸谱：中国历史名人的假面舞会》《中国：1864—1911》等。

汗青，历史研究者、古兵器收藏者。《明朝那些事儿》《盗墓笔记》等畅销书策划人，著有《帝国最后的荣耀：大明1592·抗日援朝》《天崩地解：1644大变局》等，反响强烈。

石炜，知名媒体人，军事史作家。现供职于中央媒体单位，曾担任《罪恶海盗城》《死亡赎金》等央视热播纪录片撰稿工作，著有历史畅销书《海权文明揭秘》《大西洋大海战》。

十二叔，财经专家，文史作家。出版的作品有《圈子·段子之港澳富豪那些事儿》《圈子·段子之好汉们崛起的秘密》《圈子·段子之民国陈光甫：一个领先时代的银行家》《圈子·段子之民国席正甫：缔造金融家族的教父》等多部作品，自上市以来，深受广大读者欢迎，反响强烈。

图书在版编目(CIP)数据

隐秘的逻辑/汗青主编. —成都:西南财经大学出版社,2016.2
(常读.趣味集)
ISBN 978 - 7 - 5504 - 2066 - 3

Ⅰ.①隐… Ⅱ.①汗… Ⅲ.①历史事件—世界 Ⅳ.①K105

中国版本图书馆 CIP 数据核字(2015)第 167126 号

隐秘的逻辑
YINMI DE LUOJI
汗 青 主编

图书策划:亨通堂文化
责任编辑:李 才
助理编辑:陈丝丝 周晓琬
特约编辑:孙明新
封面设计:墨创文化
责任印制:封俊川

出版发行	西南财经大学出版社(四川省成都市光华村街55号)
网 址	http://www.bookcj.com
电子邮件	bookcj@foxmail.com
邮政编码	610074
电 话	028 - 87353785 87352368
印 刷	郫县犀浦印刷厂
成品尺寸	140mm×200mm
印 张	8.125
字 数	175 千字
版 次	2016 年 2 月第 1 版
印 次	2016 年 2 月第 1 次印刷
书 号	ISBN 978 - 7 - 5504 - 2066 - 3
定 价	32.00 元